W0188338

In Memoriam

Christoph Streidl

Roland Hoede · Thomas Bauer

Heinrich Hoffmann

Ein Leben zwischen Wahn ...

...und Witz

Herausgegeben vom Stadtgesundheitsamt

Frankfurt am Main

Waldemar Kramer (K) Frankfurt am Main

Die Deutsche Bibliothek – CIP-Einheitsaufnahme

Hoede Roland:

Heinrich Hoffmann : ein Leben zwischen Wahn ... und Witz / Roland Hoede ; Thomas Bauer. Hrsg. vom Stadtgesundheitsamt Frankfurt am Main : Kramer, 1994
ISBN 3-7829-0450-8
NE: Bauer, Thomas:

Gedruckt mit freundlicher Unterstützung der Frankfurter Sparkasse 1822

© 1994 Stadtgesundheitsamt Frankfurt am Main
Verlag Waldemar Kramer, Frankfurt am Main
ISBN 3-7829-0450-8

Umschlagbild: Heinrich Hoffmann. Gemälde von Karl Wilhelm Erich Körner, 1898
Gesamtherstellung: W. Kramer & Co. Druckerei-GmbH, Frankfurt am Main

Inhalt

Vorwort

Die Verdienste und Erfolge Heinrich Hoffmanns als Psychiater werden oft vergessen oder doch überstrahlt von seinem weltweiten Ruhm als Autor des „Struwwelpeters".

Anläßlich der 100. Wiederkehr seines Todestages soll deshalb das vorliegende Buch das eigentliche Lebenswerk dieses vielseitigen Mannes darstellen. Herrn Thomas Bauer ist für die umfassende Materialrecherche und Herrn Roland Hoede für die Abfassung des Textes zu danken. Sie haben diese Darstellung zu einer lebendigen und farbigen Schilderung werden lassen, die auch die zeitgenössischen Verhältnisse der Stadt Frankfurt am Main nachzeichnet, soweit sie für Heinrich Hoffmanns Agieren bedeutsam sind. Fachmann und Laie werden gleichermaßen Gewinn aus der Lektüre ziehen können.

„Ihnen glaube ich Herr Doktor, mir nicht", sagte der dankbare Patient. Vielleicht war dies das schönste Kompliment, das dem Psychiater Heinrich Hoffmann je zuteil wurde. Das Vertrauen des Kranken in dieser kleinen Anekdote spiegelt auch die Güte des behandelnden Arztes wider. Heinrich Hoffmann sah in den psychisch Kranken Mitmenschen, denen man verständnisvoll und mit besonderer Zuwendung begegnen und die man nicht von ihren Freunden und Familie isolieren sollte. Eine solche Einstellung war zu seiner Zeit nicht üblich und stellte eine Ausnahme dar. Das „Irrenhaus" galt im 19. Jahrhundert als ein anrüchiger Ort, dessen Insassen von den meisten Bürgern gemieden wurden und in dem häufig menschenunwürdige Zustände herrschten. Mit Engagement und Umsicht versuchte Heinrich Hoffmann hier Abhilfe zu schaffen. Statt mit ängstlicher Ausgrenzung auf die oft befremdliche und bedrohend erscheinende Symptomatik der kranken Menschen zu reagieren, wollte er diesen Wege zurück in die Gemeinschaft bahnen, und zwar ohne Rücksicht auf Herkunft und gesellschaftliche Stellung.

Zweifellos darf man ihn als einen Pionier der modernen Sozialpsychiatrie bezeichnen. Die von Heinrich Hoffmann in Frankfurt am Main gegründete Tradition einer menschenfreundlichen und gemeindenahen Psychiatrie hat sich auch nach seinem Tode fortgesetzt. Mit dem Meta Quarck-Haus eröffnete Frankfurt am Main in den sechziger Jahren eine der damals bundesweit ersten Einrichtungen, die Menschen mit einer schweren chronischen psychischen Erkrankung umfassende sozialpsychiatrische Rehabilitationsmöglichkeit bot. Vereine der Freien Wohlfahrtspflege trugen in Frankfurt am Main schon früh Sorge für ein umfassendes und differenziertes Angebot über eine rein medizinisch-psychiatrische Versorgung hinaus. Von der Stadt Frankfurt gefördert, sollen sie Gewähr dafür bieten, daß psychisch kranke Mitbürger neben der selbstverständlichen medizinschen Behandlung, die sich seit Hoffmanns Zeiten immens weiterentwickelt hat, auch psychosozial integriert werden und so wenig wie möglich unter den Folgen ihrer Krankheit zu leiden haben.

Gerade in einer Zeit wirtschaftlicher Rezession sollte uns die Besinnung auf den Sozialpsychiater Heinrich Hoffmann daran erinnern, daß die Bereitschaft zu geben eine unbedingte Voraussetzung für tatkräftige Hilfe ist, die über bloß gutwillige Absichten hinausgeht. Mit Geld allein ist es jedoch nicht getan. Es bedarf auch des Mutes, der Aufgeschlossenheit und sogar der Vision, um die oft tiefen Gräben der Verständnislosigkeit zwischen schwer seelisch kranken Menschen und ihren Mitbürgern zu überwinden. Hier hat Heinrich Hoffmann nicht nur für unsere Stadt Maßstäbe gesetzt. Einen geistes- und seelenverwandten Fortsetzer seiner Arbeit hatte Heinrich Hoffmann in dem Frankfurter Stadtarzt und Sozialpsychiater Christoph Streidl, der 1992 auf tragische Weise ums Leben kam, als er Unfallhilfe auf der Autobahn leistete. Ihm war dieses Buch ein besonderes Anliegen, und ihm soll es gewidmet sein.

Im September 1994   Margarete Peters
                                  Amtsärztin der Stadt Frankfurt am Main

Ein Leben zwischen Wahn und Witz

Über Heinrich Hoffmann zu schreiben erinnert an den Versuch, „Eulen nach Athen zu tragen". Weiß doch jedes Kind von ihm, dem berühmten Frankfurter, dem „Erfinder" des „Struwwelpeter" zu berichten.

Heinrich Hoffmann wurde zu Recht in der Reihe derer aufgenommen, die jüngst vom Hessischen Rundfunk als „Die großen Frankfurter" Würdigung fanden. Als solcher ist er in der Geschichtsschreibung dieser Stadt präsent. Wenn in jener Würdigung Hoffmanns der Autor Max Kruse feststellt, daß er nicht wisse „wie die Zustände an seiner Anstalt gewesen sind, zur damaligen Zeit waren sie im allgemeinen für unsere modernen Begriffe schlimm, die Kranken wurden ja wie Gefangene behandelt",[1] so ist bereits angedeutet, worauf sich das Augenmerk dieses Buches richtet: auf die Betreuung der Irren in Frankfurt, dem eigentlichen Lebenswerk Heinrich Hoffmanns. Die Fragen, die sich dabei über die rein biographischen und chronologischen Skizzen hinaus stellen, sind jene nach den Ursachen der unbändigen Motivation des Arztes Hoffmann, sich um die Außenseiter der städtischen Gesellschaft zu kümmern. Welche Situation der Irrenfürsorge findet er vor, als er 1851 die Leitung der „Anstalt für Irre und Epileptische" übernimmt? Wie qualifiziert er sich für eine Tätigkeit, die ihn in den nächsten 36 Jahren nicht mehr zur Ruhe kommen lassen wird? Wie gelingt es ihm, die städtische Gesellschaft für das Schicksal jener zu interessieren, die Angst machen, die man aus dem öffentlichen Leben ausgrenzen möchte?

Dieser Fragenkatalog verdeutlicht, daß mit diesem Buch nicht die Absicht verfolgt wird, das Leben Hoffmanns biographisch vollständig zu erfassen. Es geht um nicht mehr, aber auch um nicht weniger, als das Lebenswerk dieses prominenten Frankfurters zu schildern. Ein Lebenswerk, das sich eben nicht in der Vaterschaft des „Struwwelpeter" erschöpft, so sehr wir seinen Namen auch mit dieser Figur verbinden. Das Lebenswerk Heinrich Hoffmanns beruht im unermüdlichen Einsatz für die Gesundheitspflege in seiner Heimatstadt, und hier im besonderen für die Hebung der Lebensverhältnisse der schwächsten Glieder der Gesellschaft: der Blöden, der Irren, Aussätzigen, der Tollen, Tobsüchtigen, Narren, der Rasenden, Mondsüchtigen – wie man zu jener Zeit psychisch Kranke zu bezeichnen pflegte –, der Geisteskranken. Die Würdigung der Leistungen Hoffmanns auf dem Gebiet der Irrenfürsorge ist nur möglich vor dem Hintergrund der Bedingungen, die er bei seinem Amtsantritt als Irrenarzt vorfindet. Und ebenso, wie sich Hoffmann auf vielen Reisen über die in Deutschland und darüber hinaus in Europa üblichen Standards der Irrenfürsorge informierte, so reicht auch unser Blick über den Tellerrand Frankfurter Verhältnisse hinaus.

Es versteht sich, daß das Lebenswerk des Arztes Hoffmann nicht erklärt und verstanden werden kann, ohne dem Menschen Hoffmann nachzuspüren. Dem Bürger, dem Politiker, dem Literaten und Dichter, dem Autor und Pädagogen, dem Humoristen und Humanisten, dem Familienvater, Vereinsgründer und Mäzen. Erst vor dem Hintergrund der Summe der Leistungen Hoffmanns läßt sich sein Leben würdigen – ein Leben zwischen Wahn und Witz.

Mühsam bergan – „bergab, aber bequem" – Eine Lebensskizze

Den Ausgangspunkt für eine Lebensskizze über Heinrich Hoffmann bilden seine „Lebenserinnerungen". Niedergeschrieben in den Jahren 1889 bis 1891, ist diese Autobiographie der Versuch Hoffmanns, die Gedanken zu ordnen sowie Ideen, Ansichten und Erlebnisse den nachfolgenden Generationen innerhalb der Familie mitzuteilen, ihnen mithin „ein wertvolles Andenken zu hinterlassen". [2]

Seinem Enkel Eduard Hessenberg, der diese „Lebenserinnerungen" 1926 auszugsweise veröffentlichte, sowie den Urenkeln, die 1985 den Neudruck autorisierten, ist zu danken, daß sie den Begriff der „Familie" Hoffmanns weiter faßten und der Öffentlichkeit den Zugang zu der Autobiographie dieses einzigartigen Menschen ermöglichten. Wir begegnen bei der Lektüre dieser Erinnerungen einer Lebensgeschichte, die über den familiären und biographischen Bezug weit hinausreicht in die Politik und die Gesellschaft des 19. Jahrhunderts in Frankfurt und Deutschland.

Kindheit und Ausbildung

„Im ganzen habe ich eine sehr stille und einsame Kindheit durchlebt. Genossen und Kinderfreunde hatte ich gar keine als die kleinen Schwestern." [3]

Heinrich Hoffmann wurde in eine Zeit politischen und gesellschaftlichen Umbruchs – in Frankfurt ebenso wie in den deutschen Ländern und in Europa – hineingeboren. Die Reichsstadt hatte infolge der napoleonischen Kriege ihre Unabhängigkeit verloren und war mit der Abdankung Kaiser Franz II. 1806 dem Rheinbund unter Fürstprimas Karl von Dalberg zugesprochen worden. Drei Jahre später, am 16. Februar 1810, erklärte Napoleon Karl von Dalberg zum Großherzog von Frankfurt, zu dem nun die Departements Frankfurt, Hanau, Fulda und Aschaffenburg gehörten. Der Verlust der Selbständigkeit berührte das Selbstverständnis der meisten Frankfurter negativ, so daß sie die positiven Seiten der Reformen, die die kurze Ära Dalberg dem städtischen Gemeinwesen bescheren sollte, nicht erkennen wollten oder konnten.[4]

Für Philipp Jacob Hoffmann (1772 – 1834)[5] hingegen zogen diese politischen Veränderungen einschneidende Konsequenzen im positiven Sinne nach sich. Als Sproß einer kleinen Handwerkerfamilie, die aus dem Pforzheimer Raum nach Frankfurt übergesiedelt war und in der Seckbächer Gasse eine Schreinerei betrieb, hatte er durch Privatunterricht Lesen und Schreiben gelernt und bis zur achten Klasse das Gymnasium besucht. Anschließend erhielt er durch den Kartographen Christian Ludwig Thomas (1757 – 1817) Unterricht im Planzeichnen und in Geometrie, bevor er seit 1798 unter großen materiellen Entbehrungen eine Ausbildung zum Geometer und Architekten an den kaiserlichen Bauakademien in Wien und später in Dresden absolvierte. Nach Frankfurt zurückgekehrt, eröffnete er mit Erlaubnis des Frankfurter Rates eine Zeichenschule für Handwerker. Diese erregte das Interesse des Fürstprimas von Dalberg, wie eine entsprechende Notiz aus dem Nachlaß Vater Hoffmanns an seinen Sohn belegt: „Sagen Sie dem Architekten Hoffmann, daß ich mit seinen Leistungen recht zufrieden war. Carl.“[6] Diesen anerkennenden Worten folgten Taten. Zunächst wurde er 1808 mit der Vermessung der Landesgemarkung betraut und schließlich 1811 im Rahmen der umfangreichen Dalbergschen Infrastrukturprogramme zur Modernisierung Frankfurts zum Inspektor des Wasser- Wege- und Brückenbaues ernannt. Damit erlangte er eine gesicherte Lebensstellung, die er bis zu seinem Tode behielt. Auf seinen Planungen beruhen unter anderem die neuen Kaistraßen am Main oder auch die Wasserleitung von der Friedberger Höhe nach Frankfurt.[7]

Jetzt erst konnte der 36jährige Hoffmann an die Gründung einer Familie denken. 1808 vermählte er sich mit Marianne Caroline Lausberg,[8] der Tochter einer angesehenen Frankfurter Kaufmannsfamilie. Am 13. Juni 1809 brachte sie einen Sohn zur Welt, der auf den Namen Heinrich getauft wurde. Nur ein halbes Jahr später starb die Mutter, und deren Schwester, Antoinette Lausberg, übernahm selbstlos die Betreuung der jungen Familie. Nach drei Jahren wurde sie durch Verehelichung mit Philipp Jacob Hoffmann die Stiefmutter Heinrichs, die ihm zwei Schwestern gebar, sowie einen Bruder, der jedoch schon bald nach der Taufe verstarb.

Heinrich Hoffmanns eigene Erinnerungen, die all diese Geschehnisse aufgrund schriftlicher oder mündlicher Überlieferungen nacherzählen, beginnen mit der Schilderung der Befreiungskriege gegen die napoleonische Fremdherrschaft. Von den Einquartierungen von Russen, Österreichern und dem Einzug der Bayern in die Stadt weiß Hoffmann schon aus eigenen Beobachtungen heraus zu berichten, schließlich auch von den Siegesfeiern, die jedoch im Hause Hoffmann nicht begangen wurden. Hier bewahrte der Vater ein dankbares Andenken gegenüber seinem Förderer, dem Fürstprimas und Großherzog Karl von Dalberg.

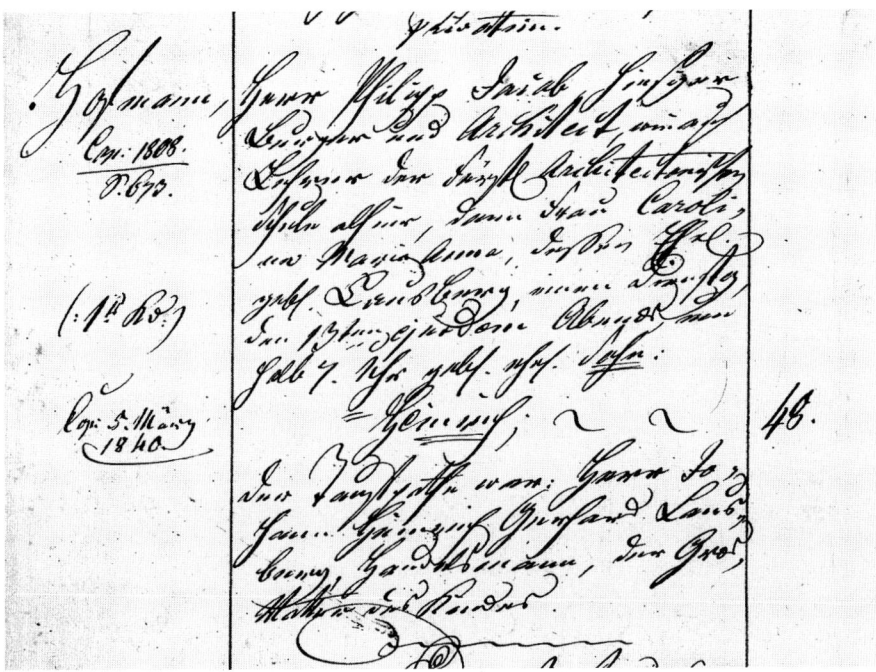

Am 25. Juni 1809 wurde der Sohn Philipp Jacob Hoffmanns und seiner Frau, Marianne Caroline, auf den Namen Heinrich getauft. Eintragung im evangelischen Taufbuch der Stadt Frankfurt am Main.

Die eingangs zitierte Beschreibung der Kindheit Heinrich Hoffmanns als eine *„sehr stille und einsame"* beruht gewiß auch auf dem Umstand, daß der Vater Hoffmann außerhalb seiner Dienstzeit privat als Architekt arbeitete. Durch die besonderen Beziehungen zwischen Bauherrn und Architekt hatte die Familie mitunter die Möglichkeit, in den von Philipp Jacob Hoffmann geplanten Neubauten besonders preiswert zu wohnen, wovon intensiv Gebrauch gemacht wurde. So weiß Heinrich Hoffmann von ungefähr sieben Wohnungswechseln während seiner zehn ersten Lebensjahre zu berichten.[9] Eine Mobilität, die er bis zum Bezug seiner Dienstwohnung in der neuen Irrenanstalt am Affensteiner Feld zu Beginn der 60er Jahre beibehalten sollte. Es nimmt also nicht Wunder, daß unter solchen Bedingungen Freundschaften nicht recht hatten entstehen wollen. Sicherlich drückten auch der frühe Tod der Mutter und die in seinen „Lebenserinnerungen" immer wieder erwähnten finanziellen Probleme des Vaters auf das Gemüt des Jungen.

Schule und Bildung

„Ich habe nur eine sehr unangenehme
trübe Erinnerung an diese Schulzeit."[10]

Die Niederlage Napoleons war mit der Völkerschlacht bei Leipzig im Oktober 1813 besiegelt. Zeitgleich hatte sich Fürstprimas und Großherzog Karl von Dalberg über Konstanz nach Regensburg abgesetzt, wo er 1817 verstarb. Frankfurt errang dank des Einsatzes des Reichsfreiherrn vom Stein auf dem Wiener Kongreß am 9. Juli 1815 den Status als Freie Stadt und wurde zugleich Sitz des Deutschen Bundes. In dieser bewegten Zeit erfolgte die Einschulung Heinrich Hoffmanns. Nicht alle Reformen der napoleonischen bzw. dalbergschen Ära wurden in der Folgezeit wieder rückgängig gemacht. So überlebte zum Beispiel das Schulwesen der Stadt, das erst zu Beginn des 19. Jahrhunderts aufgrund großzügiger Schenkungen und weiterreichender Reformbestrebungen liberalisiert und demokratisiert worden war, die Umbrüche. Heinrich Hoffmann wurde in der 1813 als erste städtische Lehranstalt gegründeten Weißfrauenschule eingeschrieben. Unter den rüden Umgangsformen der Mitschüler, die seine körperlich schwache Konstitution und seine Schüchternheit ausnutzten, um an ihm ihre Kräfte zu messen, litt er so offensichtlich, daß seine Stiefmutter unter dem Vorwand, daß er von der Schule Läuse mit nach Hause brächte, auf die Erteilung von Privatunterricht pochte.

Dieser wurde durch den Wechsel Heinrichs auf das in den Räumen des ehemaligen Barfüßerklosters untergebrachte Gymnasium abgelöst. Im Rückblick beschreibt Hoffmann seine Gymnasialzeit als unglücklich, nicht ohne allerdings selbstkritisch anzumerken, daß er ein *„recht fauler und zerstreuter Schüler gewesen"* und *„zweieinhalb Jahre in Tertia sitzen blieb. Zerstreut, vergeßlich, flüchtig, wie ich war, blieb nichts bei mir haften, alles verflüchtigte sich."*[11] Erst besondere erzieherische Maßnahmen des Vaters, die derart einschneidend gewesen waren, daß sich Heinrich Hoffmann noch in hohem Alter an die kleinsten Details eines zusätzlich auferlegten Stundenplans erinnerte, bewirkten den entscheidenden Wandel des Faulenzers zum fleißigen Schüler. Den von Heinrich beklagten mangelnden geselligen Verkehr mit Freunden und Verwandten innerhalb der Familie begann er durch das Knüpfen neuer Freundschaften zu kompensieren. Der Horizont der jungen Schüler, die sich da zusammentaten, erweiterte sich nicht nur geographisch durch Ausflüge in den Taunus und das Rheintal. Schon zu dieser Zeit kündigte sich zukünftiges politisches und gesellschaftliches Engagement der Freunde an. Unter anderem ahmten sie burschenschaftliche Ideen und Gebräuche nach, von denen sie durch umherziehende Studenten erfahren hatten. Schwarz-rot-goldene Bänder gehörten ebenso zu ihrer Ausstattung wie die Texte verbotener Freiheitslieder. So naiv dieses Treiben damals auch war, nachhaltige Wirkung auf den weiteren Lebensweg sollte nicht ausbleiben. Einer der engsten Freunde Heinrichs zu dieser Zeit war Gustav Körner, der sieben Jahre später als begeisterter Vertreter der Jenenser Burschenschaft zu einem der führenden Köpfe des Frankfurter Wachensturms avancierte und nur durch den wagemutigen Einsatz des Freundes Johann Michael Mappes verborgen gehalten und in Frauenkleidern zur Stadt hinausgeschmuggelt werden konnte. Auch Hoffmanns Engagement als Mitglied des Vorparlaments 1848, seine enge Beziehung zu Friedrich Hecker haben ihre frühen Ursprünge in diesem noch unschuldigen und harmlosen Treiben der Pennäler. Der Vater war tolerant gegenüber allerlei Tun und Albernheiten der Jugend, ja er duldete sogar das frühe Tabakrauchen des Sohnes.

„Ich überlegte und beschloß, Arzt zu werden." [12]

Den Weg zu seiner Berufsentscheidung beschreibt Hoffmann in den „Lebenserinnerungen" in einer Weise, die keinerlei Verbrämung Raum läßt. Da ist nicht von schicksalhafter Vorbestimmung die Rede, nicht von besonderen familiären Prägungen, nein, ganz unverblümt, es ist der Rat des Vaters, der ihn zu seiner Entscheidung bewegt: *„Mein Vater hatte klugerweise seinen Plan zu meinem Wunsch gemacht."*[13] Bezeichnend ist in der wörtlichen Wiedergabe eines Gespräches zwischen den beiden die abweisende Haltung des Vaters bezüglich seiner eigenen Laufbahn in der öffentlichen Verwaltung: „Beamter! – Werde das nicht! Du siehst an mir, welchen Plackereien man durch Vorgesetzte, die nichts von der Sache verstehen, ausgesetzt ist." Diesem vernichtenden Urteil über den eigenen Beruf stellte der Vater seine von hohem Ethos getragene Einschätzung des Arztberufes gegenüber: „Aber Arzt! Er ist der Freund in der Not, der Vertraute der Menschen, er ist der Freieste, nur den Geboten seiner Wissenschaft folgend. Das scheint mir das Beste! Nun überlege und wähle!" Heinrich Hoffmann folgte dem Rat des Vaters: *„Ich überlegte und beschloß, Arzt zu werden."*[14]

Zwischen dem Schulabgang im Herbst 1828 und dem Beginn des Medizinstudiums zum Sommersemster 1829 belegte Hoffmann Studienkurse am Institut der Dr. Senckenbergischen Stiftung. Unter anderem hörte er bei Philipp Jacob Cretzschmar naturphilosophische Vorlesungen und besuchte einen Anatomiekurs bei Johann Michael Mappes, zu dem sich schon bald eine über die spätere Berufsverbindung hinausgehende Freundschaft entwickelte. Hoffmann machte so zu einem frühen Zeitpunkt die Probe auf seine Tauglichkeit für den eingeschlagenen Berufsweg, denn diese Vorstudien beschränkten sich keineswegs nur auf theoretische Ausführungen, vielmehr hatte er dabei *„das Präparieren auf fast verwesenden Leichen tapfer durchgemacht."* [15]

„... so war ich doch überglücklich, nun endlich eine
wirklich eigene Stube zu haben."[16]

Die Schilderung seiner Studienjahre durchzieht wie ein roter Faden Heinrich Hoffmanns größtes Problem: Geldsorgen. Dabei war er von Herkommen und Lebenseinstellung her gewiß nicht verschwenderisch veranlagt. Doch immer wieder verweist er auch aus der Distanz von nahezu siebzig Lebensjahren im Rückblick auf dieses entscheidende Manko der Studentenzeit. Mitauslöser der finanziellen Notlage im Hause Hoffmann war der Konkurs eines Verwandten mütterlicherseits, durch den auch Vater Hoffmann just in der Zeit von Heinrichs Studienbeginn 16.000 Gulden verloren hatte.[17] Vom Lebensstandard des Studenten in der ersten Hälfte des 19. Jahrhunderts gibt uns die Auflistung seiner Ausgaben in Heidelberg einen lebendigen Eindruck. So zählt er folgende Summen auf:

Zimmer je Semester	30 Gulden	jährlich	60	Gulden
Lebenshaltung je Monat	24 Gulden	jährlich	288	Gulden
Kollegien, Holz und Kleidung		jährlich	450	Gulden
Gesamtkosten		jährlich	798	Gulden

Heinrich Hoffmann erging es im ersten Semester wie wohl vielen seiner Kommilitonen. Er erlebte die Stadt von ihren schönsten Seiten, genoß den Müßiggang, die Landpartien und das Flanieren und resumiert über seinen Studienbeginn: *„Geld war vergeudet, aber die gesunde Lebenskraft war erhalten und sogar gestärkt worden."*[18] Im weiteren Verlauf des Studiums suchte Hoffmann, seinerzeit nahezu unabdingbar für einen Studenten, Kontakt zu einer der zahlreichen Verbindungen. Wohl aus landsmannschaftlichen Erwägungen heraus fand er zum Corps Alemannia, in dem schon einige Frankfurter Mitglied waren. In der Rückschau belächelt Hoffmann zwar einerseits das alberne Brauchtum des Fechtens, doch werden in seiner Schilderung auch Untertöne von Stolz ob der geschlagenen zehn Mensuren lesbar. Auch läßt er durchblicken, daß sein Austritt aus dem Corps und damit das Abstandgewinnen nach sechssemestriger Mitgliedschaft nur gelingen wollte, indem er kurz darauf den Studienort wechselte. Den Fortgang der Studien, so meint er feststellen zu können, hatte das Corpsleben nicht negativ beeinflußt. Da gab er schon eher den finanziellen Bedingungen die Schuld, die ihn zum Beispiel am Besuch der Naturforscherversammlung in Heidelberg im Herbst 1829 hinderten, obwohl er sich gerade auf dieses frühe nationale und wissenschaftlich hoch angesehene Ereignis gefreut hatte. Das Studienangebot in Heidelberg rangierte seinerzeit auf einem ausgesprochen hohen Niveau, was unter anderem die Hinweise auf Leopold Gmelin als Chemieprofessor oder auf den Historiker Friedrich Christoph Schlosser belegen. War es ein Zufall, daß Hoffmann seinerzeit, über den engen Horizont seines Medizinstudiums hinaus, im Sinne

Auszug, der Heidelberger Studenten am 14 ten August 1828.

Auszug der Heidelberger Studenten nach Frankenthal.
Lithographie 1828.

eines „studium generale" bei Schlosser ausgerechnet Revolutionsgeschichte hörte, da sich doch gleichzeitig – ausgehend von Frankreich, aber auch in Deutschland nicht ohne Spuren vorübergehend – politische Unruhen ankündigten? Aus Frankfurt berichtete ihm sein Vater in Briefen von allerlei Unbill in den politischen Verhältnissen. „Der gegenwärtige politische Stand der Dinge ist allerdings betrübend und für die Zukunft keine Aussicht. ... Dieser Zustand der Weltverhältnisse ist eine Folge der überschnellen Aufklärung der geistigen Kräfte." Und der Vater endet mit der eindringlichen Mahnung an seinen Sohn: „In dieser verhängnisvollen Zeit mußt du dich fernhalten von allen politischen Verbindungen, sie seien öffentlich oder geheim."[19] Heinrich Hoffmann beherzigte den Rat seines Vaters. Zwar war die Brandung politischer Unruhe, wie er sich ausdrückte, auch an den Ufern der wissenschaftlichen Insel Heidelberg fühlbar, *„ohne daß wir aber in irgendeine besondere Gefahr geraten sollten".* [20]

Zwei Schicksale, die belegen, wie verständlich die Mahnung des Vaters war, und wie leicht es auch seinen Sohn in den Strudel der politischen Ereignisse hätte mitreißen können, sollen an dieser Stelle nicht unerwähnt bleiben. Da ist auf den Fall des früheren Mitschülers an der Weißfrauenschule und später am Gymnasium, Johann Georg Varrentrapp (1809-1886) hinzuweisen, der wegen seiner strebsamer absolvierten Schulzeit ein Jahr früher als Hoffmann das Medizinstudium im Sommersemester 1828 in Heidelberg aufgenommen hatte. Anders als Hoffmann hatte sich Varrentrapp nicht an ein Corps angeschlossen, sondern war in den Dunstkreis der damals politisch stark engagierten Burschenschaft geraten, ohne jedoch Mitglied geworden zu sein. Wegen gesellschaftlicher Konflikte erklärten die aktiven Studenten im Herbst 1828 zunächst die dortige Museumsgesellschaft für unehrenhaft, und belegten schließlich, nach Vollstreckung etlicher Repressalien durch die Universitätsbehörden, die gesamte Universität mit Verruf. Zur Untermauerung ihres Protestes zogen die Studenten gemeinsam aus Heidelberg aus und begaben sich über den Rhein nach Frankenthal. Was zunächst wie ein studentischer Spaß begonnen hatte, sollte für den jungen Varrentrapp erhebliche Auswirkungen haben. Er wurde vom Studium an allen deutschen Hochschulen ausgeschlossen und nur dem wohlwollenden Verständnis seines Vaters, des Sanitätsrates Johann Conrad Varrentrapp, war es zu verdanken, daß er noch im Winter 1828 sein Studium im Ausland fortsetzen konnte. Erst ein Jahr später, im Herbst 1829, erlangte Varrentrapps Vater durch Eingaben beim Deutschen Bundestag eine Begnadigung seines Sohnes. Johann Georg konnte von Straßburg nach Würzburg wechseln und dort sein Doktorexamen ablegen.[21]

Über diese Vorgänge war der Vater Heinrich Hoffmanns bestens informiert, denn mit dem Sanitätsrat Varrentrapp verband ihn damals noch die Mitgliedschaft in der Freimaurerloge „Zur Einigkeit", in die er 1809 aufgenommen worden war, und deren Geschicke er von 1818 bis 1820 als Meister vom Stuhl leitete. [22]

Das zweite Schicksal, dessen Betrachtung verdeutlicht, in welch gefährlichen Verhältnissen die Studenten jener bewegten Zeit lebten, ist das von Gustav Körner, des Schulfreundes von Heinrich Hoffmann aus der Gymnasialzeit. Körner hatte es zum Studium nach Jena gezogen, wo er Mitglied der Jenenser Burschenschaft geworden war. Im April 1833 erhielt Hoffmann, der soeben das Doktorexamen in Halle an der Saale abgeschlossen hatte, den Bericht seines Vaters vom Frankfurter Wachensturm. War er auch anfangs sicherlich mit seinem Vater in der Ablehnung und Verurteilung derart revolutionärer Umtriebe einig, – allein auf Seiten der Ordnungskräfte waren sechs Tote und 18 Verletzte zu beklagen – so fiel sein Urteil milder aus, als er erfuhr, daß sich unter den Rädelsführern auch sein früherer Schulkamerad Gustav Körner befand, der nur durch die Hilfe des gemeinsamen Freundes Johann Michael Mappes vor den Soldaten in Sicherheit gebracht werden konnte. [23]

Schon in den letzten Heidelberger Semestern die Mahnungen des Vaters berücksichtigend, aber auch durch die finanziellen Bedingungen derart an der kurzen Leine geführt, daß neben dem Studium kaum Zeit für politische Extravaganzen blieb, absolvierte Hoffmann gewissenhaft seine universitären Pflichten. Um sich noch mehr konzentrieren zu können, trat er, wenn auch schweren Herzens, aus dem Corps Alemannia aus, behielt aber weiterhin Kontakt zu den dort gewonnenen Freunden. Immer mehr Zeit beanspruchten nun die praktischen Übungen in der Klinik. Der Tag kam, da er die ersten Patienten behandeln durfte.

Heinrich Hoffmann.
Ölgemälde, um 1844.

Damit aber neigte sich auch Hoffmanns Studienzeit in Heidelberg ihrem Ende zu. Hoffmann wechselte zum Zwecke der Promotion und wegen des renommierten Professors Krukenberg und dessen ärztlicher Klinik zum Sommersemester 1832 nach Halle. Dort bedrängten ihn die knappen Finanzen noch mehr als schon in Heidelberg. Von seinen Kommilitonen erhielt er den Spottnamen „der Hysterische", weil er wiederholt unter dem Vorwand von Prüfungsvorbereitungen gemeinsamen Unternehmungen fernblieb. Auch seinen Wunsch, sich schon im Wintersemester 1832/33 zur Promotion melden zu können, mußte er wegen Geldmangels aufgeben. Dem Vater war es nicht möglich gewesen, den notwendigen Betrag nach Halle zu schicken. Im Laufe des Jahres 1833 spitzte sich die prekäre Finanzlage Hoffmanns derart zu, daß sein Hauswirt in Halle seine Habseligkeiten beschlagnahmte, da er die Miete schuldig geblieben war. Ein Freund konnte Hoffmann auslösen, bevor schließlich im Juli 1833 mit 250 Talern das lang ersehnte Promotionsgeld vom Vater eintraf. Hoffmann war mittlerweile derart abgebrannt, daß er die Prüfungen in einer Leihhose ablegte, da seine eigenen Beinkleider irreparabel waren und er zur Anschaffung neuer Hosen kein Geld mehr besaß. Um so größer schließlich die Freude über die am 10. August bestandenen Promotionsprüfungen, die Hoffmann als *„ein feierlich lächerlicher Actus, der für uns zwar sehr wichtig, doch einigermaßen zopfig* (war)"*, beschrieb.[24] Gefeiert wurde aber erst in Frankfurt, wo der junge Doktor von der Familie und den Freunden herzlich empfangen wurde. Doch dem jungen Arzt blieb nur wenig Zeit, sich in seiner Heimatstadt von den Strapazen der Prüfungen zu erholen, denn schon im Oktober hieß es erneut, Abschied zu nehmen.

Dank der Empfehlung seines Freundes und nunmehrigen Kollegen Johann Michael Mappes hatte Hoffmann das Dr. Bethmannsche Stipendium in Höhe von 500 Gulden zwecks Finanzierung eines einjährigen Ausbildungsaufenthaltes in Paris oder Wien erhalten. Nach der Entscheidung für Paris brach er im folgenden Oktober dorthin auf. *„Paris aber machte auf mich, der an kleine Verhältnisse – Frankfurt, Heidelberg, Halle – gewöhnt war, einen mächtigen Eindruck."*[25] Neben den Verlockungen des Stadtlebens war es intensive klinische Arbeit, die ihn beschäftigte, bevor er Anfang August 1834 durch seine Schwester Sophie über eine schwere Erkrankung des Vaters informiert wurde, die ihn schnellstmöglich nach Frankfurt zurückkehren ließ. Hier pflegte er noch wenige Wochen seinen kranken Vater, bevor dieser im Oktober 1834 in seinen Armen verstarb.

Existenzgründung

„Obgleich ich anfangs noch den Plan hatte, vorzugs-
weise operative Chirurgie auszuüben, so kam ich
doch von diesem Plan durch eine ängstliche
Betrachtung ab. Ich las irgendwo, daß Chirurgen
öfters an Herzleiden stürben." 26

Der plötzliche Abbruch des chirurgischen Jahres in Paris sowie der Tod des
Vaters im Oktober 1834 zwangen Heinrich Hoffmann, beruflich Fuß zu fassen.
Der gerade erst Fünfundzwanzigjährige hatte von nun an nicht nur für sich selbst,
sondern auch für seine Stiefmutter und die beiden ledigen Schwestern zu sorgen.
Um sich in Frankfurt als Arzt niederlassen zu können, bedurfte es zunächst der
Ablegung des Frankfurter Examens. In der Freien Reichsstadt besaß der in Halle
auf den preußischen König ausgesprochene Promotionseid ebenso wie die medizinischen Prüfungen keine Gültigkeit. Seine Hallenser Dissertation „De phlegmasia
alba" (Über die weiße Entzündung), die er zur Vorlage beim Frankfurter Prüfungs-
kollegium drucken und binden ließ, widmete er Johann Michael Mappes. Von den
vier prüfenden Stadtärzten waren ihm die Professoren Varrentrapp und Cretzschmar
schon von Vorstudien im Jahr 1828 und durch familiäre Kontakte bekannt.
Nach Erfüllung der formalen Bedingungen – wegen Geldmangels hatte Hoffmann
seine Rezeption mehrmals verschoben – eröffnete sich ihm schließlich die Gelegenheit, das erste Geld zu verdienen. *„Es hatte sich auf Empfehlung des Dr. Mappes eine*
Schar hiesiger Chirurgengehilfen an mich gewandt, um Vorträge über niedere Chirurgie und
Assistenzlehre zu hören. Ich übernahm die Aufgabe mit Freuden", berichtet Hoffmann
über den ersten Broterwerb und nimmt auf die Höhe der Vergütung Bezug, indem
er fortfährt, *„auch bescheidenes Glück macht herzensfroh."*[27] Wie schon bei der
Schilderung seiner Studentenjahre begleitet auch die weitere Lebensbeschreibung
fortwährend die Erwähnung finanzieller Nöte. Doch anders als noch während
seiner Studienjahre, als er diese Situation nicht hatte beeinflussen können, sondern
auf den Wechsel des Vaters angewiesen war, arrangierte sich Hoffmann in zuneh-
mendem Alter mit diesem Dauerzustand und folgerte: *„Mein persönliches Leben war*
trotz der schmalen Mittel ein heiter bewegtes."[28] Als anläßlich seines 50jährigen
Doktorjubiläums 1883 ein 1835 von Hoffmann zur Melodie des Doktor Eisenbart
verfaßter Text wiederauftauchte, da hatten dessen letzten Zeilen an Aktualität
nichts verloren:

„Die Doktors sind schon, wie ihr seht,
Gewaltig an Kapazität,
Es wär' auch alles wohl bestellt,
Hätt' man nur zwanzigmal mehr Geld!" 29

DE
PHLEGMASIA ALBA.

DISSERTATIO INAUGURALIS

QUAM CONSENSU:

GRATIOSI MEDICORUM ORDINIS HALENSIS

ERUDITORUM EXAMINI SUBMITTIT

HENRICUS HOFFMANN,
MOENO – FRANCOFURTANUS,

MEDICINÆ, CHIRURGIÆ ET ARTIS OBSTETRICIÆ DOCTOR.

FRANCOFURTI AD MŒNUM,

TYPIS HENRICI LUDOVICI BRŒNNERI.

MDCCCXXXIII.

Titelblatt der Doktorarbeit Heinrich Hoffmanns aus dem Jahre 1833.

Zu Heinrich Hoffmann's Jubelfeier.

Papa, wir gratuliren Dir!

Dem 50jährigen Doktorjubiläum Heinrich Hoffmanns gewidmete Zeichnung aus der „Frankfurter Latern" vom 17. August 1883.

Hoffmann fand zunächst in Sachsenhausen Anstellung: *„Man hatte mir den Vorschlag gemacht, die ärztliche Überwachung des neuen Leichenhauses in Sachsenhausen zu übernehmen."*[30] Damit einher ging die Niederlassung als praktischer Arzt, die ihm jedoch nur mäßigen pekuniären Erfolg bescheren sollte. Überhaupt empfand er die Tätigkeit als praktischer Arzt stets als lästige Notwendigkeit, der er zwar bis in die Zeit der Übernahme der Leitung der Frankfurter Irrenanstalt nachging, jedoch stets mit Widerwillen und Abneigung: *„Ich war nicht zum Praxisjäger geboren und sehnte mich nach einem beschränkten, aber festen Wirkungskreis."*[31] In den nächsten 53 Jahren stand Heinrich Hoffmann im Dienst der Krankenfürsorge. Seine Karriere im Gesundheitsdienst war dabei mühsam und aufopferungsvoll. Im Mittelpunkt seines Strebens stand stets die Verbesserung der äußeren Umstände für die Patienten.

Aus der Not eine Tugend – Die Frankfurter Armenklinik

*„Im Sommer 1834 hatten meine ärztlichen Freunde
in Frankfurt die Armenklinik gegründet, in welcher
eine Stelle für mich offengelassen wurde."* [32]

Die ersten klinischen Gehversuche unternahm Hoffmann zusammen mit fünf jungen Kollegen. Am 5. März 1834 stifteten die Ärzte Friedrich Wilhelm Fabricius, Simon Moritz Ponfik, David Eduard Schilling, Adolf Schmidt und Johann Georg Varrentrapp in Abwesenheit Heinrich Hoffmanns, diesen aber namentlich aufführend, die Armenklinik. Ihre Motive überliefert der zehnte Jahresbericht dieser Anstalt, der zwei Gründe als wesentlich aufführt. Zum einen: „Linderung des durch Krankheit und Mangel an ärztlicher und arzneilicher Hilfe bei dem Landvolke unserer Umgegend herrschenden und durch Pfuscherei noch vermehrten Elends." Zum zweiten, und dies war nun nicht mehr ganz uneigennützig, wird

Der Friedhof in Sachsenhausen. Ausschnitt des „Malerischen Plans von Frankfurt am Main und seiner nächsten Umgebung". Stahlstich nach einer Zeichnung von Friedrich Wilhelm Delkeskamp 1864.

die „Förderung des eigenen ärztlichen Wissens und der allseitigen praktischen Ausbildung durch gegenseitige Beratung der Ärzte und gemeinschaftliche Anschauung vieler und wichtiger Fälle, die in der Privatpraxis, besonders angehender Ärzte, höchst selten vorkommen"[33] genannt. Es sollten Kranke ohne Unterschied von Geschlecht, Alter, Religion oder Stand behandelt werden. Gegen Vorlage eines Armutszeugnisses wurden Behandlungen und die Abgabe der notwendigen Arzneien und Materialien unentgeltlich gewährt.[34] Eine vergleichende Beschreibung der Armenklinik und des Krankenheims der israelitischen Krankenkasse von 1835 verdeutlicht den revolutionären Ansatz, den diese sechs jungen Ärzte mit der Stiftung der Armenklinik auf dem Gebiet der Krankenversorgung in Frankfurt am Main wählten. Friedrich Ludwig Krahmer,[35] ein enger Studienfreund Hoffmanns, der mit diesem gemeinsam in Halle promoviert worden war, berichtete gelegentlich eines Besuchs in Frankfurt 1835 in einem Brief an seine Mutter: „Zwei Krankenhäuser, die beiden Extreme in Frankfurt, habe ich besucht. Das eine ... entstand durch den Eifer junger Ärzte und die Wohltätigkeit reicher Frankfurter. Es ist für arme Kranke aus der Umgegend und bis jetzt nur für zehn Kranke eingerichtet. Das andere ist das jüdische Hospital von den Brüdern Rothschild prachtvoll begründet. Ein schönes Gebäude, das seinen Zweck in keiner Art erfüllt, indem nur solche Mitglieder der jüdischen Gemeinde nach den Statuten darin aufgenommen werden, die einen wöchentlichen Beitrag zahlen, d.h. also wohlhabende Leute. So kommt es denn, daß in dem Hause, das zu zweihundert Betten eingerichtet, kaum 20 belegt sind und noch nicht einmal mit Kranken sondern mit steinalten Junggesellen."[36]

Die stationäre Aufnahme des ersten Patienten in der Armenklinik erfolgte am 17. Juli 1834 – zunächst noch in einem angemieteten Lokal in der Stelzengasse, bevor Ende 1834 die von Krahmer beschriebenen zehn Betten in einem an die Irrenanstalt anschließenden Gebäude in der Meisengasse zur Verfügung standen. Die sechs jungen Ärzte verfolgten mit ihrer Klinikstiftung nicht nur eine Demokratisierung der Aufnahmebedingungen für Patienten durch die formale Gleichstellung der Land- und Stadtbevölkerung sowie der Negierung religiöser und gesellschaftlicher Schranken, vielmehr gaben sie sich selbst mit den „Statuten der Armenklinik" eine demokratische Verfassung. Danach gründeten die ärztlichen Mitglieder der Klinik einen Verein, dessen Vorstand sie bildeten. Die Vorstandsmitglieder waren „in Beziehung auf Befugnisse und Verpflichtungen vollkommen gleich und coordiniert". Lediglich zur Vertretung der Klinik in wirtschaftlichen und rechtlichen Fragen wählten sie aus ihrer Mitte mit Stimmenmehrheit einen „Senior". Die Leitung des stationären Klinikdienstes teilten sie sich nach einem monatlich wechselnden Turnus. Erst nach dem Ausscheiden eines Vorstandsmitgliedes konnte ein Neuling nachrücken.[37] Dies war der Fall, als Heinrich Hoffmann nach zehnjährigem Bestehen der Armenklinik 1844 zum Leiter der Senckenbergischen Anatomie berufen wurde. In diesen zehn Jahren waren in der

Armenklinik etwa 9.000 Kranke ambulant behandelt worden, ungefähr 500 Patienten hatten stationäre Aufnahme gefunden. Finanziert wurde der Klinikbetrieb über Mitgliedsbeiträge und Spenden.[38]

Vom Ärzte-Kränzchen zur „Republik der Ärzte"[39]

> *„Unser Ärztlicher Verein, von dem ich Dir wohl schon geschrieben, gedeiht recht gut. Seit 1 1/2 Jahren hatten wir alle 14 Tage eine Sitzung, und noch nie fehlte es an Vorträgen, oder an gehaltreichen Diskussionen."*[40]

Der Zusammenschluß der sechs jungen Ärzte um Heinrich Hoffmann und Johann Georg Varrentrapp zum Verein der Armenklinik sowie der in dessen Satzung geregelte Erfahrungsaustausch mittels Konsultationen „über wichtige Krankheitsfälle und den zu größeren Operationen erfolgten Einladungen"[41] war ein wesentlicher Schritt in Richtung einer regelmäßig tagenden Ärztevereinigung. Mit den per Satzung festgelegten monatlichen Zusammenkünften nahmen die Ärzte der Armenklinik eine Tradition auf, die zuvor schon 1819 und 1829 von verschiedenen Ärztegruppen verfolgt worden war. Am Anfang dieser Tradition stand die vergebliche Initiative einer kaiserlichen Hofkommission von 1729, die die Bildung eines „Collegium chirurgicum und pharmaceuticum" zur Behebung der Mißstände im Frankfurter Medizinalwesen angeregt hatte. Diesen Fehlschlag vor Augen, sollten nach dem im Stiftungsbrief von 1763 festgelegten Willen Johann Christian Senckenbergs regelmäßige Zusammenkünfte der Frankfurter Ärzte stattfinden. Er verfügte, daß die „Medici alle Monate wenigstens einmahl ordentlich zusammenkommen und gemeinschaftlich ... überlegen, was zu besserer Ausübung der hiesigen Gesundheits-Pflege und Versorgung armer Kranken erforderlich seyn mögte."[42] Wenn auch noch über ein dreiviertel Jahrhundert verstrich, bis seine Anregung verwirklicht wurde, so konnte der letzlich 1845 gegründete Ärztliche Verein immerhin die Einladung des 1772 verunglückten Senckenberg postum annehmen und die regelmäßigen Versammlungen in den Räumlichkeiten der nach ihm benannten und 1817 gegründeten Senckenbergischen Naturforschenden Gesellschaft abhalten.

Der Gründung des Ärztlichen Vereins vorangegangen war der Zusammenschluß der verschiedenen seit Beginn des 19. Jahrhunderts gebildeten Ärztekränzchen im Jahr 1837, bedingt nicht zuletzt durch eine neuerliche Typhusepidemie, deren Bewältigung einen intensiveren Erfahrungsaustausch der Ärzte untereinander nahelegte. Zunächst in dreimonatigem Turnus, später zweimonatig, versammelten sich die in dem Kränzchen zusammengeschlossenen Ärzte zum gegenseitigen Erfahrungsaustausch, der einen zunehmend organisierten Rahmen erhielt. So wurden seit 1839 die Sitzungen von einem gewählten Präsidenten geleitet und ihr Verlauf protokolliert.[43] Auf Gustav Adolf Spiess[44] geht die Anregung zurück, diesen solcherart noch losen Zusammenschluß der Frankfurter Ärzteschaft in die rechtlich eindeutig faßbare Organisationsform des Vereins zu überführen. Am 3. Juni 1845 stellte er den Antrag, „für die Zukunft die wissenschaftlichen Zusammenkünfte von den geselligen zu trennen, und für die ersteren eine viel häufigere regelmäßige Wiederkehr, eine andere Tagesstunde und ein anderes Local in Aussicht zu nehmen, kurz einen 'Aerztlichen Verein' mit 14tägigen Sitzungen zu gründen."[45] Eine Kommission zur Formulierung von Vereinssatzung und Geschäftsordnung war schnell gebildet, an der sich die Ärzte Mappes, Spiess, Lorey, Müller und natürlich Hoffmann beteiligten.

Im November 1845 konnten die Ergebnisse dieser Kommission vorgelegt und von der Gründungsversammlung des „Aerztlichen Vereins Frankfurt am Main e.V." am 3. November angenommen werden. Zu den Gründungsmitgliedern zählten neben anderen: Johann Conrad Varrentrapp, Johann Georg Burkhard Kloß, Salomon Friedrich Stiebel, Johann Carl Passavant, Johann Michael Mappes, Detmar Wilhelm Soemmering, Jakob Emden, Gustav Adolf Spiess, August Theodor De Bary, Johann Georg Varrentrapp, Friedrich Wilhelm Fabricius, Johann Adolf Schmidt, David Eduard Schilling, Simon Moritz Ponfik und Heinrich Hoffmann.[46] Der zunächst 25köpfige Verein entwickelte bald eine rege Versammlungs- und Disputationstätigkeit. In ihm wurden die Kämpfe um die Positionsbestimmung der Medizin der nächsten Jahrzehnte ausgetragen. Gustav Adolf Spiess beschreibt die Lebendigkeit der Sitzungen und auch die Grundsätzlichkeit der fachlichen Auseinandersetzungen, wenn er anläßlich des 25jährigen Jubiläums in seiner Rückschau schreibt: „Es war damals die Zeit, wo die pathologische Anatomie eben anfing, die Pathologie mehr und mehr zu beherrschen, in der aber doch auch noch die ältere klinische Medicin ihre zahlreichen ... Vertreter hatte. So konnte es nicht fehlen, daß sehr verschiedene, ja gerade entgegengesetzte Ansichten oft mit großer Lebhaftigkeit aufeinander trafen. ... Wohl zu keiner späteren Zeit wieder haben so eingehende und gründliche Discussionen über die verschiedensten Themata ...in unserem Vereine stattgefunden. ... Es handelte sich bekanntlich um den Kampf strenger empirischer Forschung gegen eine frühere ... mehr speculative Auffassung der Medicin. ... Es waren dies die Jahre, in denen die practische Medicin, der alten Stützen beraubt und der neuen noch entbehrend vielfach einem unglücklichen Nihilismus verfiel, der den Kranken mehr nur als Beobachtungsobjekt betrachtete, und der sich völlig beruhigt fand, wenn er in der Leiche eines Verstorbenen irgend eine greifbare pathologische Veränderung nachzuweisen vermochte."[47] Neben diesen grundsätzlichen fachlichen Diskussionen, die das Vereinsleben beherrschten, begann der Ärztliche Verein bald, sich

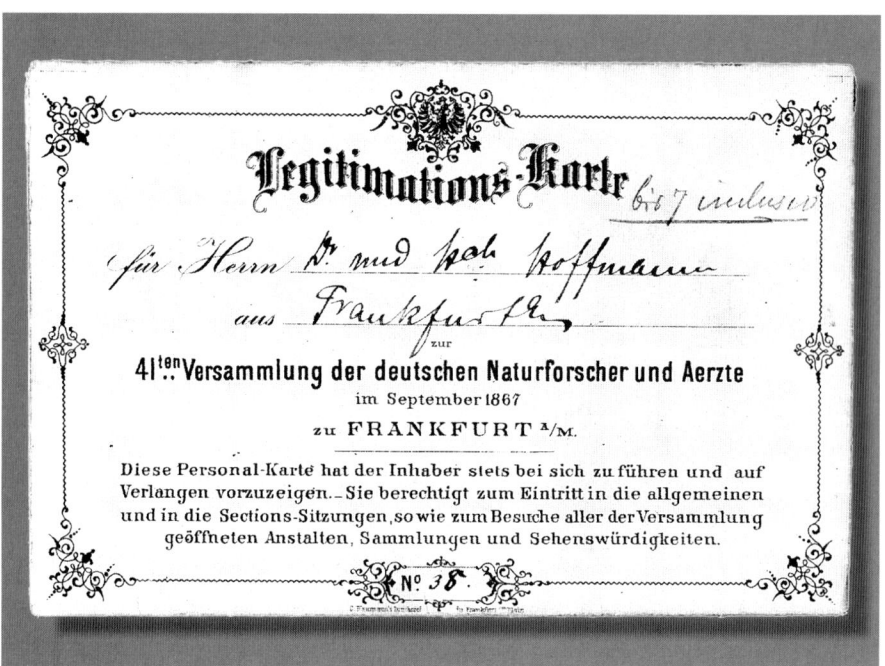

Legitimations-Karte *bis 7 inclusive*

für Herrn Dr. und prak. Hoffmann

aus Frankfurt a.M.

zur

41ten Versammlung der deutschen Naturforscher und Aerzte

im September 1867

zu FRANKFURT ᴬ/ᴍ.

Diese Personal-Karte hat der Inhaber stets bei sich zu führen und auf
Verlangen vorzuzeigen. – Sie berechtigt zum Eintritt in die allgemeinen
und in die Sections-Sitzungen, sowie zum Besuche aller der Versammlung
geöffneten Anstalten, Sammlungen und Sehenswürdigkeiten.

N° 38

als eine Standesorganisation der Ärzteschaft zu verstehen und deren Interessen
nach außen, so zum Beispiel gegenüber der städtischen Verwaltung und später ge-
genüber den preußischen Behörden zu vertreten.[48] Wesentliches Mittel dieser
Interessenvertretung waren dabei die ab 1858 edierten „Jahresberichte über die
Verwaltung des Medicinalwesens, die Krankenanstalten und die öffentlichen
Gesundheitsverhältnisse der freien Stadt Frankfurt". Das vornehmliche Ziel der
Jahresberichte war die Propagierung der öffentlichen Gesundheitspflege.[49] Mit die-
sem Programm und mit seinen Jahresberichten, deren Erscheinen der Senat der
Stadt mit jährlich 500 Gulden bezuschußte, avancierte der Ärztliche Verein schon
bald zum Ansprechpartner der öffentlichen Verwaltung in allen das
Gesundheitswesen betreffenden Fragen: „Zu den früheren zwei Hauptzwecken unseres Aerztlichen Vereines, der gegenseitigen wissenschaftlichen Anregung und
Belehrung, sowie der Förderung eines collegialen Lebens ... ist hiermit ein dritter,
und wahrlich nicht minder wichtiger, ja wohl noch höherer getreten, der Zweck
gemeinsamer Förderung des Gesamtwohles." [50]

1863/64 erreichte dieses gesellschaftliche Engagement des Vereins einen ersten
Höhepunkt in der Auseinandersetzung um eine gänzliche Reorganisation des
Frankfurter Medizinalwesens. Unter anderem forderten Vertreter des Ärztlichen
Vereins – darunter Heinrich Hoffmann und Johann Georg Varrentrapp – in den
Jahresberichten sowie in eigens angefertigten Gutachten und Anträgen über die
Einsetzung eines Gesundheitsrates, „dass dem Collegium medicum, d.h. der

Gesammtheit der hiesigen Aerzte bei deren Wahl eine wesentliche Mitwirkung gesichert würde. Es ist überhaupt ein richtiger Grundsatz, die Selbstregierung soweit
auszudehnen als es das Interesse der Sache nur immer gestattet, und gerade bei uns
in Frankfurt verdanken wir der Verwirklichung dieses Grundsatzes manche unserer
besten Einrichtungen."[51] Diese Formulierungen unterstreichen, daß sich aus den
seit Beginn des 19. Jahrhunderts gebildeten Ärztekränzchen heraus mit dem 1845
gegründeten Ärztlichen Verein über die Revolution 1848/49 hinweg eine
selbstbewußte Standesorganisation der Frankfurter Ärzteschaft entwickelt hatte,
die bei der Verfolgung ihrer Interessen auch den Konflikt mit den städtischen und
staatlichen Behörden nicht scheute.[52] Aus dem Ärztekränzchen hatte sich eine
„Ärzterepublik" entwickelt. Zwar bedeutete der Verlust der Selbständigkeit
Frankfurts durch die preußische Vereinnahmung 1866 zunächst eine Aufschiebung
der eingeforderten Medizinalreform auf kommunaler Ebene, doch sollten die
Geister, die 1863/64 gerufen wurden, nicht mehr verstummen. Der Verein setzte
sich nunmehr auf preußischer Ebene für die angestrebten Ziele ein. Untrennbar
bleibt mit diesen Bemühungen der Name Johann Georg Varrentrapps verbunden,
des Freundes und Mitstreiters Heinrich Hoffmanns bei der Schaffung der
Frankfurter Armenklinik dreißig Jahre zuvor. 1873 gründete Varrentrapp zusammen mit dem Stadtarzt Alexander Spiess, dem Sohn des Initiators des Ärztlichen
Vereins, und mit anderen Hygienikern in Frankfurt den „Deutschen Verein für
öffentliche Gesundheitspflege". Desweiteren redigierte er zusammen mit Spiess
viele Jahre die „Deutsche Vierteljahrsschrift für öffentliche Gesundheitspflege". In
Frankfurt hatte er sich im Kampf gegen die alten Abwasserkanäle und
Abtrittsgruben erfolgreich für die Einführung der Schwemmkanalisation eingesetzt. Als dieser „Luther der Hygiene", wie man ihn 1881 auf einem Kongreß in
London titulierte,[53] einmal nach den Ursprüngen seiner Leistungskraft gefragt
wurde, da antwortete er: „Weil ich ein Frankfurter bin, weil ich hier ein ergiebiges
Feld zur Bearbeitung gefunden, dazu Männer, die mich unterstützten, und Mittel,
um meine Pläne auszuführen."[54] Es ist gewiß, daß er bei der Erwähnung dieser
Männer, die ihn unterstützten, an die Kollegen im Ärztlichen Verein dachte, und
hier besonders an Heinrich Hoffmann, mit dem ihn – ausgehend von der gemeinsam erlebten Schulzeit und dem gemeinsamen Berufseinstieg – stetige
Freundschaft und gegenseitige Anerkennung verbanden.[55] Hoffmanns Aktivitäten
innerhalb des Ärztlichen Vereins sind vordergründig in den von ihm wahrgenom-
menen Funktionen als Schriftführer und 1855 als Präsident zu verfolgen. Wichtiger
aber, so scheint es, ist sein Wirken hinter den Kulissen, als ausgleichender
Vermittler zwischen den Fronten wissenschaftlicher Disputationen. Er arbeitete im
Sinne jenes zweiten Zweckes des Ärztlichen Vereins, den Gustav Adolf Spiess als
die „Förderung eines collegialen Lebens" der Ärzte untereinander beschrieben
hatte.[56] Spiess würdigt in seiner Rede zum 25jährigen Jubiläum des Vereins neben
Varrentrapp, Schmidt und Schilling ausdrücklich Hoffmann als eifrigen und rüsti-

Heinrich Hoffmann fühlt einem Patienten den Puls. Gemeinsam sprechen sie dem mit „Affensteiner Serum" etikettierten Wein zu. Das Motiv auf dem Titelblatt ist eine Hommage an Hoffmann als Dichter zahlreicher Vereinslieder.

gen Mitarbeiter.[57] Ein Jahr nach Hoffmanns Tod faßt Victor Cnyrim anläßlich des 50jährigen Jubiläums des Ärztlichen Vereins 1895 dessen Bedeutung für den Verein zusammen: „Leider hat sich uns die lang gehegte Hoffnung nicht erfüllt, einen der Gründer unseres Vereins, Heinrich Hoffmann, heute noch hier festlich begrüßen zu können. Nachdem er in seltener Geistesfrische ein hohes Alter erreicht hatte, nahm uns den Mann, dessen phantasievoller Humor die ganze civilisirte Menschheit erfreut hat, der Tod hinweg, im vergangenen Jahr. Gleich dem auch als Greis noch jugendlich gebliebenen Salomon Friedrich Stiebel hat uns Hoffmann mit schönen Liedern beschenkt, und im Gesang lebt Beider Namen wieder auf."[58] Eine Sammlung dieser Lieder von Hoffmann und Stiebel sowie von einigen anderen Mitgliedern des Vereins, die unter dem Titel „Der Grünborn – Lieder von Frankfurter Ärzten" erschien, schmückte eine Titelzeichnung des Malers Lüthi. Sie zeigt Heinrich Hoffmann in ärztlicher Mission am Bett eines Kranken, diesem den Puls fühlend und zugleich einen Schoppen „Affensteiner" trinkend.[59]

An der Senckenbergischen Anatomie

„Ich war von je ein Enthusiast; und die sind meist, was Beschäftigung und Interesse angeht, Monodeisten, d.h. als ich den Zerstreuungen unserer vielbelebten Handelsstadt folgte, hatte ich für nichts anderes Sinn. Als ich den belletristischen Schwindel hatte, war ich auch für nichts anderes zugänglich, und so auch jetzt bin ich so durch und durch Anatom, und möchte am liebsten von früh bis Abends am Secirtisch hocken." [60]

Euphorisch beschrieb Heinrich Hoffmann zwei Jahre nach Amtsantritt an der Senckenbergischen Anatomie seine neue Tätigkeit. Dabei war diese Anstellung zunächst nur ein Trostpflaster dafür, daß er in der Bewerbung um die Nachfolge Philipp Jacob Cretzschmars als städtischer Geburtshelfer und Physikus unterlegen war: *„Es melden sich außer mir noch 5, und alle fünfe fallen durch, so daß ich allein mit M. in Vorschlag komme. Natürlich erhält Mappes die Stelle; und im Ganzen ist's auch recht; er ist recht geeignet für solche Dinge, und ein tüchtiger, regsamer Mann. ... Da ich aber so viel Beschäftigung, wie möglich brauche ...,* so meldete ich mich zu der Anatomischen Lehrstelle am Seckenbergischen Institut, welche durch Mappes' Abgang frei ward, und so bin ich auf einmal Lehrer der Anatomie geworden."[61] Mit der Berufung zum Lehrer und Direktor der Anatomie kehrte er an jene Stelle zurück, an der er 1828, gerade der Schule entwachsen, die Ernsthaftigkeit seines Planes, Arzt zu werden, durch Besuch der Anatomiekurse von Johann Michael Mappes überprüft hatte. Dessen Nachfolge

Heinrich Hoffmann. Fotografie von Philipp Hoff 1861.

trat er nun an, in einer Zeit, da sich die medizinischen Verhältnisse in Frankfurt entscheidend ändern sollten. Die wissenschaftliche Pflege der „Zergliederungskunst"[62] hatte erst eine kurze Tradition. Sie ging zurück auf eine Initiative Johann Christian Senckenbergs, der seit 1768 ein eigenes Gebäude für anatomische Studien erbauen ließ. Als Senckenberg 1772 durch einen tragischen Unfall, dessen Hergang nie gänzlich geklärt werden konnte, bei Begutachtung des Fortschritts der Bauarbeiten für seine Stiftung tödlich verunglückte, war seine Leiche „die erste, die in dem noch unfertigen Bau des 'theatrum anatomicum' seziert wurde."[63] Bis dahin dienten vornehmlich die Leichen von Hingerichteten oder auch von Selbstmördern als Anschauungsmaterial bei der Ausbildung der Wundärzte. Diese fand unter unwürdigen Bedingungen im Pestilenzhaus, seit der Mitte des 18. Jahrhunderts in einer angemieteten „Anatomie-Kammer" in einem Gasthaus statt.[64] Verbesserte der Bezug der Seckenbergischen Anatomie 1776 die räumlichen Bedingungen, so krankte dieser Teil der medizinischen Ausbildung weiterhin am Mangel an Leichen. Nach einer Eingabe des ersten Lehrers an der Anatomie Sigismund Müller an den Rat der Stadt war es „nicht die Nachlässigkeit derer sich zeithero der Anatomie unterzogen habenden Medicorum Schuld, dass seit zwei Jahren keine sectiones cadaverum vorgenommen wurden, da aller Bemühungen ohngeachtet ... kein qualifiziertes Subjectum seit benahmter Zeit zu erhalten gewesen ist."[65] Der große Anatom Bernhard Behrends schilderte noch 1807 die unbefriedigenden Zustände: „Wenn unter fast allen möglichen Hindernissen beim Mangel eines Prosektors, eines Anatomiedieners, hinreichender Leichen und eines fixen und anständigen Honorars für den Lehrer die anatomische Anstalt doch von einigem Nutzen dem Publikum bisher gewesen ist, so konnte dieses einzig durch meine große Neigung zur Zergliederungskunde möglich geworden sein."[66] Es bedurfte noch zweier Generationen von Ärzten, bis die Anerkennung der Notwendigkeit einer anatomischen Ausbildung auch zu einer regelmäßigen Versorgung der Lehranstalt mit dem erforderlichen Anschauungsmaterial durch die Ärzte führte. Hoffmanns Amtszeit an der Anatomie stand in der Tradition seiner Vorgänger Philipp Jacob Cretzschmar (1816-1828) und Johann Michael Mappes (1828-1845), die sowohl durch ihre Sammelleidenschaft wie auch durch ihre Lehrtätigkeit wegweisend wirkten. Die 1841 erlassene „Frankfurter Medizinalordnung" verschärfte die Anforderungen an die ärztliche Ausbildung, indem sie die Ausübung der höheren Chirurgie auf die promovierten Ärzte beschränkte, während die wissenschaftlich ungeschulten Wundärzte nur noch der niederen Chirurgie nachgehen durften. Seither zählte die Anatomie zum verbindlichen Teil der ärztlichen Ausbildung. Die gestiegene Bedeutung des Faches spiegelt die Erhöhung der an den Lehrer der Anatomie gezahlten Vergütung von bis dahin 100 auf nunmehr 300 Gulden im Jahr.[67] Eine Besonderheit der Frankfurter Anatomie, von der schon Hoffmann profitiert hatte, blieb bis 1875 erhalten: Die Möglichkeit für Schüler der beiden letzten Gymnasialklassen, an den Präparierkursen teilzunehmen.

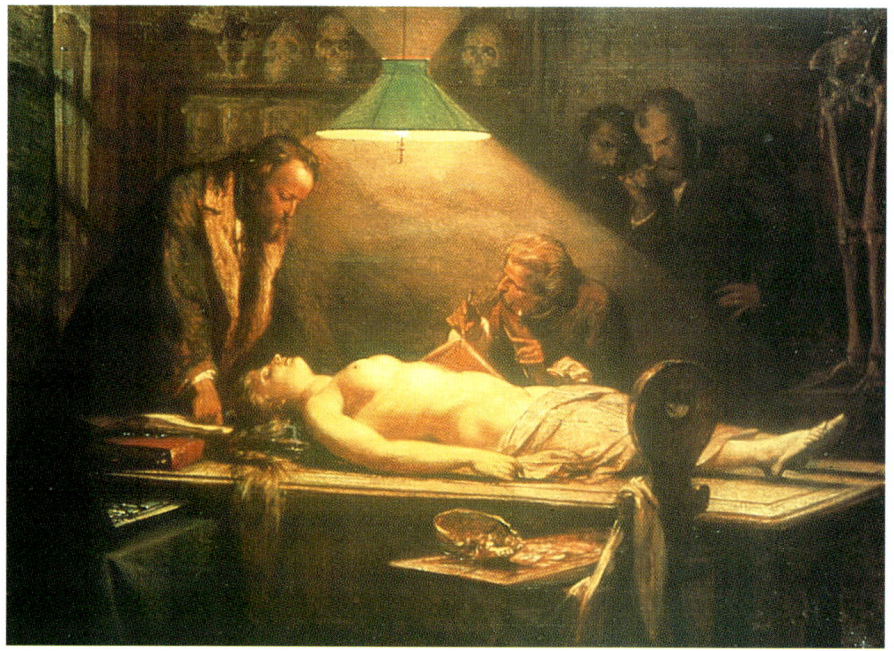

Sektion der „Schönen Frankfurterin". An der Leiche stehend: Johann Christian Gustav Lucae, seit 1851 Lehrer der Anatomie am Senckenbergischen Institut. Ölgemälde von Heinrich Hasselhorst 1864.

Den Schwerpunkt der Arbeit Hoffmanns bildete künftig die pathologische Anatomie. Zu diesem Zweck nahm er jährlich an 150 bis 200 Sektionen teil, was ihm sein ausgezeichnetes Verhältnis zur übrigen Frankfurter Ärzteschaft ermöglichte. Darüber hinaus beschäftigte er sich intensiv mit der Ordnung der anatomischen Sammlungen, die während seiner Amtszeit von 1845 bis 1851 eine erhebliche Erweiterung erfuhren. Es versteht sich, daß Hoffmann in dieser Zeit weiterhin seine Praxis führte. Hier vor allem lag einer der Gründe, die ihn veranlaßten, eine berufliche Veränderung herbeizuführen. Rückblickend schreibt er: *„Ich wollte eine Hospitalstelle zu erhalten suchen, und zwar sollte es eine solche sein, die mich, wenn auch bescheiden, ernährte. ...Nur die Irrenanstalt mußte bald einen neuen Arzt erhalten; der alte Professor Varrentrapp war schwer erkrankt ... Diese Stelle faßte ich ins Auge, beschäftigte mich mit Anatomie, Physiologie des Nervensystems und mit der dazugehörigen Pathologie; alles in Erwartung der Dinge, die da kommen mußten. Der Anerkennung und Zuneigung der meisten meiner Kollegen konnte ich versichert sein, und damit glaubte ich schon viel gewonnen."*[68] Mit dieser Zielbeschreibung formulierte Hoffmann ansatzweise seinen Werdegang in den nächsten 36 Lebens- und Berufsjahren. Ob er ahnte, worauf er sich mit seiner Bewerbung um die Nachfolge Varrentrapps als Arzt an der Anstalt für Irre und Epileptische einließ?

Beruf und Berufung – der Irrenarzt Heinrich Hoffmann

„Das älteste gedruckte Actenstück, welches mir zu Händen ist, war im Jahre 1785 erschienen und führt den Titel: 'Denkmal der Dankbarkeit für die dem neuerrichteten Kastenhospital zugeflossenen Wohlthaten' u.s.w. Aus dieser Schrift ergibt sich soviel, dass schon seit 1728 Schritte geschehen waren, um die Behandlung und Pflege Geisteskranker in humanem Sinne zu bessern und ärztliche Hülfe dabei in Anspruch zu nehmen."[69]

Mit dieser Bemerkung beginnt Heinrich Hoffmann 1881 einen Aufsatz über die Geschichte und Entwicklung der Frankfurter Anstalt für Irre und Epileptische. Vor einer näheren Betrachtung des von Hoffmann nachgezeichneten Beobachtungszeitraums seit dem ausgehenden 18. Jahrhundert, erscheint ein allgemeiner Überblick über die Behandlung Geisteskranker im Laufe der Geschichte lohnenswert.

Vom Narrenschiff zum Narrenhaus

Die Geschichte der Irrenfürsorge ist eine Geschichte des Schutzes der Vernünftigen vor den Unvernünftigen. Epochenübergreifend war es das Ziel menschlicher Gesellschaften, die Folgen des Handelns der Irren auf das Gemeinwesen zu kontrollieren und mögliche Gefährdungspotentiale zu begrenzen. Je nach Einschätzung der von dem Irren ausgehenden Gefahren waren die angewandten Schutzmaßnahmen bemessen. Für die Antike sind Hinweise überliefert, daß durch aktive Maßnahmen wie Reinigung der Körpersäfte, Schmerzzufügung, Schreckbeeinflussung und Furchteinflößung der Irre gebessert werden sollte. Abgesehen von dem Phänomen des Exorzismus – der Teufelsaustreibung – verliert sich dieser Ansatz in der Folgezeit. Im Mittelalter, mit seiner strengen Gläubigkeit an den Willen Gottes, der sich eben auch im Anderssein des Irren ausdrückte, gewannen Fahrten der Irren mit ihren Familienangehörigen zu den einschlägigen Pilgerstätten erhebliche Bedeutung. Dort, im unmittelbaren Ausstrahlungsbereich der verehrten Reliquien, wurden die Irren der Gnade Gottes anvertraut. Die beginnende Herauslösung des Irren aus dem Familienverband durch Übergabe an Bauern und Herbergen in der Nähe der Pilgerstätten erlebte eine zunehmende Institutionalisierung, indem sich die Kirchen und Klöster gegen Geldleistung der Angehörigen und Arbeitsleistung der betroffenen „Blöden" dieser armen Geschöpfe annahmen. Die Pilgerbewegung legte mithin den Grundstein für das moderne Versorgungssystem für psychisch Kranke. Als Folge der entscheidenden Rolle, die die Klöster bei der Entwicklung dieses Versorgungssystems spielten, ist die Übertragung mönchischer Tugenden und Lebensformen auf den Alltagsablauf des Irren anzusehen. Gehorsam, Armut, Keuschheit, der streng geregelte und sich immer wiederholende Tagesablauf, die Integration der Verwirrten in den klösterlichen Arbeitsablauf, all dies sind Merkmale, die sich in den Reformbemühungen des Irrenwesens im ausgehenden 18. und beginnenden 19. Jahrhundert wiederfinden. Das Gespräch mit Gott im Gebet galt dabei als psychisches Heilmittel.[70]

Infolge zunehmender Verstädterung im Spätmittelalter wird das Einzelphänomen geistiger Wirrheit zu einer Massenerscheinung, der mit individueller familiärer Betreuung oder der Verlagerung der Fürsorge auf klösterliche Gemeinschaften nicht mehr beizukommen war. Im Schlepptau städtischer Hospitalgründungen für die Kranken-, Alten- und Armenfürsorge entwickelte sich die Irrenbetreuung.[71] Je nach Einschätzung des von den Irren ausgehenden Gefährdungspotentials war deren Versorgung und Unterbringung zu regeln. Die Harmlosen wurden in den Spitälern zusammen mit den übrigen Kranken und Hilfsbedürftigen, die Mindergefährlichen in Zellenanbauten an den Hospitälern gepflegt. Die gefährlichen „Tollen" wurden von jeglicher menschlichen Gemeinschaft separiert und vor die Stadttore verbracht. Dort waren sie, oft entlang der Straßen, in Narrenkäfigen – auch Tollkästen, „Stöcke" oder „Dorenkisten" genannt – eingesperrt und bettelten bei den Passanten.[72] Allerdings erstreckte sich die in diesen Maßnahmen zum Ausdruck kommende Fürsorgepflicht für die Irren und Schutzpflicht der Kommune gegenüber den Einwohnern lediglich auf die Bürger der Stadt. Fremde, auch Bewohner der Umgegend der Städte, wurden, wenn sie auffällig geworden waren, der Stadt verwiesen und unter entsprechenden Zwangsmaßnahmen aus dem Gebiet der Stadt transportiert. Der Begriff des „Narrenschiffs" zeugt von diesem Brauch. Verwirrte wurden auf dem Flußweg nicht nur bis zur Stadtgrenze, sondern gegen Bezahlung der Schiffer weit aus dem Einzugsbereich der Stadt entfernt.[73] Für Frankfurt sind aus dem 15. Jahrhundert mehrere solcher Fälle anhand von Eintragungen in den Rechenbüchern überliefert. Von einem Betrug in diesem Zusammenhang zeugt das Beispiel eines geistesverwirrten Schmieds, dem es zweimal gelang, nach Frankfurt zurückzukehren, obwohl die Fischer den Auftrag erhalten hatten, ihn bis zum Rhein zu transportieren; sie hatten sich seiner aber offenbar schon kurz nach der Frankfurter Grenze entledigt. Erst mit dem dritten Versuch gelang seine Abschiebung, indem er bis nach Kreuznach gebracht wurde.[74]

An der Wende vom Mittelalter zur Neuzeit kam es infolge des Rückgangs der Lepraerkrankungen und des zwischenzeitlichen Ausbleibens von Pestepidemien zur Umwidmung der Seuchenanstalten – Leprosenhäuser, Pesthäuser oder Pesthöfe – zu Beherbergungsstätten von Randgruppen. Dort waren dann nur zu oft Irre und Narren zusammen mit Landstreichern, Dirnen, oder auch mit

Waisenkindern untergebracht, bisweilen sogar schon einer ständigen Bewachung unterworfen.[75] Im Kreuzungspunkt der beiden Entwicklungslinien – einerseits der Angliederung minder gefährlicher Irrer in Anbauten an die Spitäler innerhalb der Städte und andererseits der Sammlung und Bewachung der Irren vor der Stadt in den dort bereitgehaltenen Einrichtungen der Seuchenbekämpfung – liegt ein entscheidender Entwicklungsschritt von der Irrenverwahrung zur Irrenfürsorge. Die Nähe zur Krankenfürsorge und damit zur ärztlichen Versorgung in den Spitälern sowie die Unterbringung in gefängniszellenartigen Räumen unter ständiger Beobachtung und Bewachung involvieren Weichenstellungen für die Herausbildung eigenständiger Zucht- und Irrenhäuser mit separaten Abteilungen für Geisteskranke, die mit wachsender Zahl zu versorgender Irrer sich zu eigenständigen Narrenhäusern entwickelten. Je nach dem Vermögen der Angehörigen wurden dort Geistesgestörte unentgeltlich oder gegen Bezahlung verwahrt. Familien, die sich der Drangsal entledigen wollten, die die Unterbringung eines gestörten Familienmitgliedes mit sich brachte, hatten die Kosten für die Unterbringung an den Rat der Stadt zu erstatten. Für Frankfurt sind etliche Fälle überliefert, in denen sich Familien hilfesuchend an den Rat wandten und wegen Geldnot um Aufnahme ihres geistesgestörten Angehörigen in städtischen Gewahrsam baten. [76]

Irrenfürsorge in Frankfurt am Main
Tollhaus – Kastenhospital – Anstalt für Irre und Epileptische

> „Soll auf die gute Verpflegung und genaue Verwahrung solcher erbarmungswürdigen, und sowohl sich selbsten als Anderen an Leib und Leben gefährlichen Leuten, nicht allein von ihrem hierzu ohnehin besonders zu verpflichtenden Curatoren, sondern auch vom Kasten-Amt, und von einem hierzu besonders zu ernennenden Pfleger, fleisig und aufmerksam auf- und genau nachgesehen werden, daß die Dollsinnige, Ordnungs- und Observanzmäßig verpfleget, und in allen so versorget werden, wie es der guten Einrichtung dieses Hauses gemäß ist." [77]

Mit dieser Aufforderung an den Frankfurter Rat reagierte der Kaiserliche Hofrat 1735 auf wiederholt gerügte Mißstände in der Verwaltung des „Allgemeinen Almosenkastens". Diese im Jahr 1531 zur Grundversorgung von einheimischen

Die verschiedenen Erscheinungsformen des Wahnsinns. Zustände im Bethlehem Royal Hospital zu London, wo Schaulustige die Geisteskranken besichtigen. Kupferstich von William Hogarth 1735.

Armen und Kranken eingerichtete Institution der Stadt stand schon während des „Fettmilch-Aufstandes" und den Auseinandersetzungen der Jahre 1612 bis 1616 im Kreuzfeuer der Kritik. Zu Beginn des 18. Jahrhunderts häuften sich Beschwerden über Mißstände und Unregelmäßigkeiten in der Verwaltung des „Allgemeinen Almosenkastens", so daß sich die von Kaiser Karl VI. 1711 zur Überprüfung des städtischen Finanzwesens eingesetzten Kommissionen auch mit der Situation des städtischen Armenwesens befaßten.

Die ausdrückliche Beschäftigung des Kommissionsberichtes von 1735 mit den „Wahnsinnigen im Dollhaus" und die daraus resultierende oben zitierte Anordnung die „Dollsinnigen" betreffend legt nahe, daß die Irrenfürsorge, die ebenfalls der „Allgemeine Almosenkasten" verantwortete, nicht zufriedenstellend gelöst war.

Die Vorgeschichte der Irrenbetreuung in Frankfurt liegt weitestgehend im dunkeln. Die erste überlieferte schriftliche Erwähnung eines „Dollhauses" stammt aus dem Jahr 1606. Früher datierte Einrichtungen waren sogenannte „Narrenhäuser", in die der Rat auffällig gewordene Personen lediglich auf Zeit einsperrte und der Bevölkerung zum Spott anheim gab. „Narrenhäuser" wurden seit 1572 auf öffentlichen Plätzen der Stadt unterhalten, so in der Nähe der Katharinenkirche, später in der Mainzer Gasse und eines an der Mainzer Pforte. Während des Mittelalters, so ist anzunehmen, erfolgte die Sicherstellung von „Irren und Blöden" in Frankfurt wie im übrigen deutschsprachigen Raum durch Einkerkerung in Narrenkäfigen, den „Stöcken". Diese waren entweder im häuslichen Bereich der Familien oder aber in den städtischen Gefängnissen im Leinwandhaus, im Bornheimer und im Mainzer Turm, in der Affenpforte oder im Bornheimer Loch eingerichtet. [78]

Von der allgemeinen Entwicklung des Irrenhauswesens, wie sie typisch zu beobachten ist am Beispiel von Celle, unterschied sich Frankfurt erst im 18. Jahrhundert. Während in den deutschen Ländern infolge der beginnenden Aufklärung das Gefängnis- und Irrenhauswesen gründlich reformiert wurde – der Neubau des Toll- und Zuchthauses von Celle steht dabei exemplarisch für viele solcher Projekte – scheiterten diesbezügliche Bemühungen in Frankfurt am Geldmangel. Mehrere öffentliche Sammlungen des Almosenkastens konnten den erwarteten Kostenrahmen für den Bau eines Zucht- und Irrenhauses nicht decken, und so beschränkte man sich 1740 auf den Neubau eines „Zucht- und Verbeßerungshauses".[79] Die Irren aber blieben im „Dollhaus" in der Tollhausgasse, nahe dem Rahmhof, unter unwürdigsten Bedingungen eingepfercht. Die oben zitierte Anordnung der kaiserlichen Reichshofratskommission änderte nichts an diesem erbärmlichen Zustand. Der Rat der Stadt versäumte es, die Ausführung der dem „Allgemeinen Almosenkasten" – nunmehr Kastenamt genannt – auferlegten Maßnahmen zur Hebung der Verhältnisse im Tollhaus zu erwirken. Entscheidendes Hindernis zur Verbesserung der dortigen Zustände war das Fehlen geeigneten Personals. Die Hofratsinstruktion ordnete zwar die Einstellung eines „hierzu besonders zu ernennenden Pfleger(s)" an, der Sorge zu tragen hätte, daß die „Dollsinnige ... in allen so versorget werden, wie es der guten Einrichtung dieses Hauses gemäß ist",[80] doch tatsächlich änderte sich an der Betreuung der Irren bis 1777 nichts. Seit 1700 ist schriftlich überliefert, daß die Glöckner der Barfüßerkirche – später der Katharinenkirche – als „Hauß- und Pfleg-Vater" für das Tollhaus zuständig waren. Deren Entlohnung für diese Zusatzaufgabe erfolgte durch „freye Wohnung" im Tollhaus. [81]

Die einzig erkennbare Reaktion auf die umfangreichen Untersuchungen der kaiserlichen Hofratskommission war der Erlaß einer „Instruction des Glöckners zu St. Catharinen, wie auch Hauß- und Pfleg-Vaters der wahnsinnig- und tollen Leuten in dem hießigen Tollhaus" von 1735, wonach der Glöckner bezüglich der „ihm an-

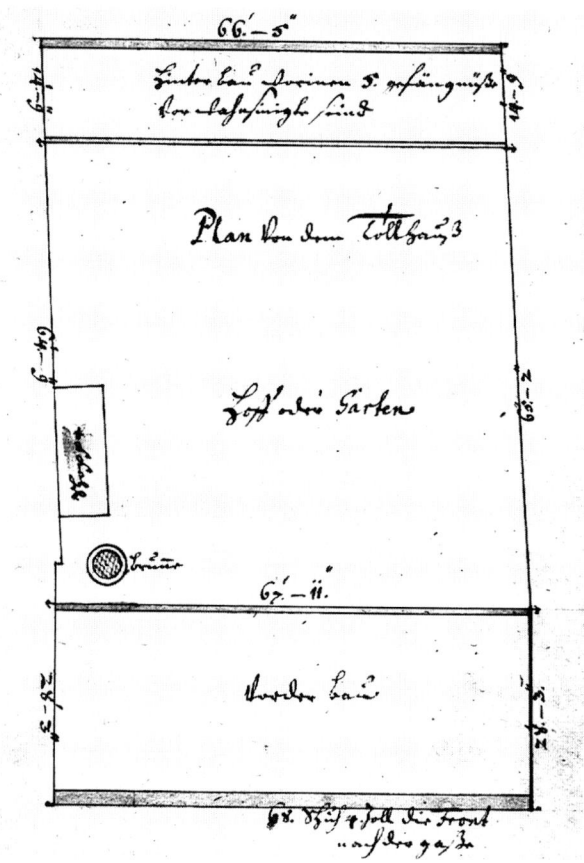

Grundriß des „Tollhauses" mit einem „Hinter Bau, worinen 5. gefängnüße vor wahnsinigte seind." Federzeichnung 1731.

vertraute Wahnsinnige, Rasende und anderen elende Leute" unter anderem folgendes zu beachten hatte:

„11. Auf deren Personen Thun und Aufführung jederzeit fleißige Obacht halten, denenselben wohl pflegen, deren Zimmer fleissig, und so offt es nöthig ist, auf seine Kosten säubern lassen, und auch dahin Sorge tragen, daß ihnen des Tages etliche mahl frisch und sauber Wasser, so wohl zum Trunck, als sonsten nöthigen Reinigung gereichet werde.

12. Die Zimmer dieser Leute bey Tag und Nacht wohl verschliessen, und keinen aus selbigen lassen, es seye dann, daß es sich mit einem solchen gebessert, und kein Unglück zu besorgen, in welchem Fall ihm zur Veränderung in den Garten-Hof, oder auch im Winter in des Pfleg-Vaters Stub zu gehen, auf einige Stunden, jedoch mit dieser Vorsicht vergönnet werden kan, daß derselbe nicht allein oder bey unverständigen Kindern seye, vielweniger aber zu anderen seines gleichen komme. ...

40

14. Mit sothanen Erbarmungs-würdigen Leuten selbsten bescheiden und Christlich verfahren, solche nicht anderst, als bey verspührender grosser Boßheit, und wann es die Noth erfordert, ihres üblen Verhaltens wegen, jedoch mit Maas züchtigen, dafern aber bey einem oder dem andern solches nicht verfangen wolte, solches denen HHrn. Pflegern bey der ordentlichen Amts-Session anzuzeigen schuldig seyn. Ferner

15. Die Zimmer dieser tollen und wahnsinnigen Leuten bey Winters-Zeit, wie sichs gebühret, einheitzen, und denenselben daran keinen Mangel leiden lassen, mithin das vom löblichen Forst-Amt ihme dazu abgegebene Brennholz zum Einheitzen und Kochung der Speise anwenden, keinesweges aber in seinen Nutzen verwenden, und noch weniger solches gar zu verkauffen, oder sonsten durch andere wegbringen zu lassen, hauptsächlichen aber

16. Diesen ihme zu verpflegen anbefohlnen Leuten zu rechter ordentlichen Mittags- und Abends-Zeit ihr Essen und Trincken nach Nothdurfft, und zwar so viel reichen, daß sie damit vergnügt seyn können, und nicht darüber zu klagen haben mögen, wie aber die Speisen so denenselben zu liefern sind, sich um deßwegen nicht wohl benennen und vorschreiben lassen, weilen solche nach denen Jahres-Zeiten sich verändern, und also auf das Gewissen und die Redlichkeit des zeitigen Pfleg-Vaters solches ankommt, also hat doch derselbe so viel genau zu observiren, daß nach dem bißherigen Gebrauch alle Mittag ein jeder sein Zugemüß ... und frisch gekochtes Fleisch, so auch unterweilen in einem Braten bestehen soll, nebst dem Brod und einem Schoppen Bier bekomme, des Abends aber eben so viel an Bier, nebst Butter oder Käß, oder nach Beschaffenheit der Personen, gekochtes Obst ihnen wenigstens gereichet werde; dargegen

17. Derselbe vor eine jede von Amts wegen ihme also angewiesene Person wochentlich vor Speiß und Tranck einen Gulden und drey Brod, ... empfangen, und die freye Wohnung im Tollhauß zu geniessen haben soll. ..."[82]

Aus dem Scheitern der oben erwähnten öffentlichen Sammlungen zur Finanzierung des Tollhausneubaus läßt sich die Absonderung der Irren aus dem öffentlichen Bewußtsein durch Einkerkerung und Isolierung ablesen. Die Gesellschaft nahm an deren Schicksal keinerlei Anteil mehr, wie wir einer Schilderung Johann Heinrich Fabers von 1788 entnehmen: „allein weil die wenigsten Personen unserer Stadt von dem Elend der armen Wahnsinnigen einen rechten Begriff hatten, und deswegen die Nothwendigkeit eines Baues nicht einsahen, so reichte das Geld lange nicht zu." [83] Nachdem sich die Unruhe um den Bericht der kaiserlichen Hofratskommission von 1735 gelegt hatte, vergingen weitere dreißig Jahre, bis seitens des Kastenamtes festgestellt wurde, daß sich „der bisher unvermeidliche üble Zustand derer in diesem Hauß befindlichen erbarmungswürdigen Leute nicht länger ansehen ließe."[84] 1768 konnte zunächst mit dem „von Völckerischen Haus" ein unmittelbar an das Gelände des Tollhauses angrenzendes

Gebäude durch das Kastenamt erworben werden. Weitere Geldsammlungen, deren Erträge jeweils hinter dem Bedarf zurückblieben, waren nötig, bis schließlich nach nochmaliger Verwerfung großzügiger Bauplanungen der Jahre 1775/76 das neue Tollhaus für bis zu vierzig Insassen 1778 fertiggestellt werden konnte.

Der Bewußtseinswandel in der Haltung gegenüber den Irren im 18. Jahrhundert kommt in der Umbenennung des Tollhauses in Kastenhospital zum Ausdruck, die am 16. November 1780 aktenkundig wird.[85] Mit dieser Umbenennung war erstmals auch in Frankfurt der Irrsinn als Krankheit anerkannt. Die Folgen lagen auf der Hand: Es konnte in Zukunft bei der Unterbringung der Geisteskranken nicht mehr auschließlich um den Schutz der Allgemeinheit vor den von den Irren ausgehenden Gefahren gehen, vielmehr mußte die Heilung des Kranken in den Mittelpunkt des Interesses rücken. Diese Überzeugung setzte sich im Laufe des 19. Jahrhunderts zunehmend durch, und 1841 weiß die „Frankfurter Gemeinnützige Chronik" zu berichten: „Längst war es anerkannt, daß Irrenanstalten keineswegs bloße Verwahrungsanstalten, sondern hauptsächlich Heilungsanstalten seyn sollen, und daß folglich Irre nicht von der menschlichen Gesellschaft ausgeschlossen werden dürfen, um diese zu sichern; vielmehr das Streben dieser Anstalten darauf gerichtet seyn muß, sie geheilt in die Gesellschaft zurückzuführen."[86] 1853 faßte ein Bericht des Frankfurter Pflegamtes diese Entwicklung zusammen: „Wenn noch vor hundert Jahren bei der Gründung eines Aufbewahrungsortes für Irre und Tobsüchtige der Hauptzweck der war, der bürgerlichen Gesellschaft vor solchen Individuen Schutz zu gewähren, dieselben unschädlich zu machen, und die Heilung dieser Unglücklichen nur nebenbei eine Berücksichtigung fand, so hat sich seit jener Zeit, und namentlich in den letzten Jahrzehnten, dieses Verhältnis wesentlich geändert. Es wird stets dem Ende des vorigen und unserm jetzigen Jahrhundert zur Ehre gereichen, den unglücklichen Geisteskranken eine andere Stellung in der bürgerlichen Gesellschaft angewiesen zu haben, als ihre bisherige war: sie den Kerkern, den Ketten und einer sonstigen unmenschlichen Behandlung entzogen und sie einer humaneren Behandlung und der Vorteile teilhaftig gemacht zu haben, welche die Fortschritte der Wissenschaft ihnen gewähren konnten."[87]

Auch Zeitzeugen aus dem ausgehenden 18. Jahrhundert erlebten und würdigten die positiven Veränderungen auf dem Gebiet der Irrenfürsorge, wie Johann Heinrich Fabers Schilderung über die Zustände im Frankfurter Kastenhospital belegt: „Der Höchste segnete diese Vorkehrungen dergestalt, daß von 30 bis 40 Personen, so sich mehrentheils zugleich in diesem Hause befinden, oft kein einziger des Tags über eingekerkert ist, auch durch ordentliche Diät, Gebrauch der Medicamenten, Zuspruch der Herren Geistlichen und sonstige schickliche Behandlung im Hause, verhältnißmässig viele in den Stand gesetzt worden sind, das Kastenhospital zu verlassen, wiederum bey ihren Familien oder an andern Orten zu wohnen und sich nach ihren Umständen zu ernähren."[88]

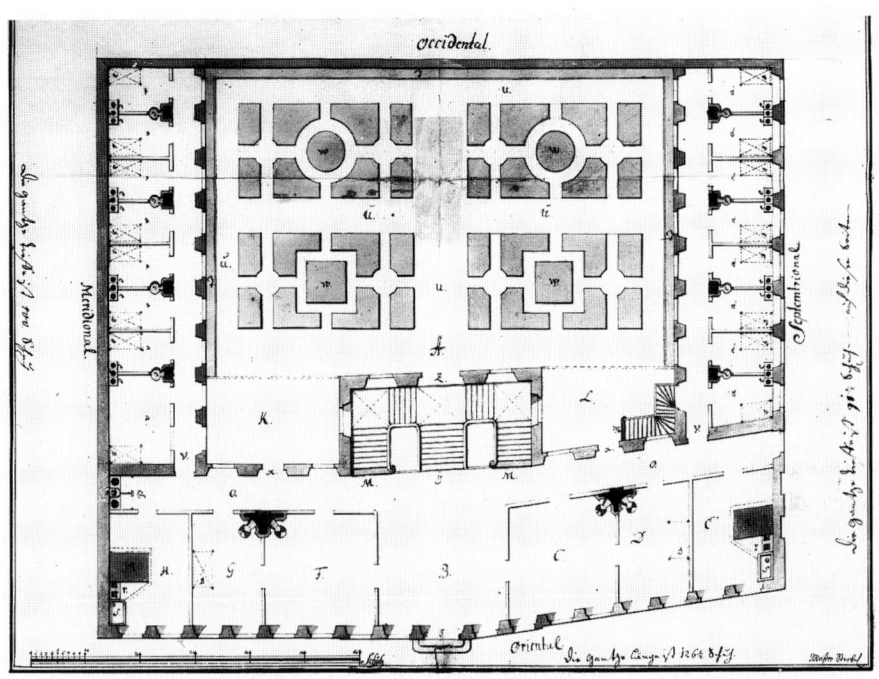

Grundriß des neuen „Tollhauses" in der Kastenhospitalgasse. Tuschzeichnung von Maurermeister Strobel 1775.

Zur Verbesserung der Verhältnisse im Kastenhospital im Vergleich zum Tollhaus hatte die 1777 vollzogene Anstellung mehrerer Personen zur hauptamtlichen Betreuung der Kranken einen wesentlichen Beitrag geleistet. Die folgende Stellenbeschreibung für einen Aufseher verdeutlicht die Erwartungen an den künftigen Amtsinhaber: „Man ist ferner Willens einen neuen Aufseher anzunehmen, wozu man einen hiesigen verheyratheten Bürger, der ... von gesetztem doch nicht zu hohem Alter wäre, am schicklichsten hielte; daß solches ein vernünftiger, mäßiger, nicht zu hitziger, aber auch nicht furchtsamer Mann seyn muß, ist von selbsten zu ermessen."[89] Heinrich Hoffmann betont in dem eingangs dieses Kapitels erwähnten Aufsatz zur Geschichte der Anstalt für Irre und Epileptische ebenfalls diese entscheidende Weichenstellung in der Versorgung der Geisteskranken in Frankfurt. Insgesamt werden als besoldete Beamte für das Kastenhospital neben dem Spitalmeister noch ein Wärter sowie ein „Candidatus theologicae" genannt. Außerdem berichtet Hoffmann mit Verweis auf die Quelle von 1785 von der regelmäßigen ärztlichen und chirurgischen Versorgung der Patienten.[90] Daß gegen Ende des 18. Jahrhunderts auch in der Bevölkerung ein Bewußtseinswandel stattfand, macht die plötzlich ansteigende Zahl der aktenkundig werdenden Krankheitsfälle deutlich, die nicht allein mit dem allgemeinen Bevölkerungszuwachs zu erklären ist. Schon fünf Jahre nach Bezug des Neu- und Erweiterungsbaus des Kastenhospitals sahen sich die Verwaltung des Kastenamtes sowie der Rat der Stadt gezwungen, angesichts der ständigen Überfüllung der Anstalt einen Neu- und Anbau entlang der Kastenhospitalgasse zu errichten. Nach Abriß der alten Gebäudekomplexe wurde 1785 ein großzügiger barocker Neubau mit drei Stockwerken bezogen, der bis zu siebzig Kranke – nach der Schwere ihres Krankheitsbildes in „Blödsinnige", in „Unruhige" sowie in „Rasende" unterschieden – sowie das Personal der Anstalt aufnehmen konnte. Die wegen der besseren Klimatisierung des Erdgeschosses notwendigen Keller wurden als Lagerräume an Weinhändler vermietet. [91]

Waren schon der Um- und auch der Neubau nicht mehr ausschließlich aus den Mitteln des Kastenamtes zu bestreiten, sondern vielmehr in nicht unbeträchtlichem Maß durch den Rat der Stadt finanziert worden, so bedeutete die Gründung einer „Anstalt für Epileptische" 1819 in unmittelbarer Nachbarschaft des Kastenhospitals eine weitere finanzielle Belastung des Kastenamtes. Über die Vorgeschichte der Versorgung an „fallender Sucht", also an Epilepsie Leidender ist wenig bekannt. Anders als die Irren wurden Epileptiker offensichtlich ausschließlich ambulant im Familienverband, oder aber bei „Kostleuten" versorgt. Vor allem immer wiederkehrende Beschwerden über die Versorgungspraxis dieser „Kostleute", denen vorgeworfen wurde, zwar das Verpflegungsgeld zu kassieren, aber nicht dementsprechend die Behandlung, Verwahrung und Ernährung der Kranken zu gewährleisten, führten zur Entscheidung, eine Anstalt für Epileptiker einzurichten. Hierzu erwarb das Kastenamt 1819 durch Vermittlung des Stadtbaumeisters Johann Friedrich Christian Heß das unmittelbar an das Kastenhospital angrenzende „Arztsche Haus" für lediglich 9500 Gulden, das zunächst zwanzig Epileptikern Raum bot.[92] Schon nach vier Jahren litten die Zustände in dieser Anstalt derart unter Überfüllung, daß an der Entscheidung für einen Erweiterungsbau kein Weg mehr vorbei führte. Ein Augenzeuge schilderte 1826 in der „Didaskalia": „Menschenfreundlich und höchsten Beifalls werth ist z. B. in diesem Hause (Kastenhospital) die neue Anstalt für Epileptische; nur das beschränkte, seinem Einsturz nahe Locale zeigt Gebrechen. Der epileptische Anfall des einen Kranken impft sich gleichsam in der Nähe der übrigen andern ein, und was ärztliche Kunst und sorgfältigste Pflege gut gemacht haben, verdirbt das Zusammenpressen der Menschen, die an einer so abschreckenden Krankheit leiden."[93] Auf Antrag des Kastenamtes wurde Stadtbaumeister Heß 1827 vom Senat mit den erforderlichen Baumaßnahmen beauftragt. Er ließ das „Arztsche Haus" samt Hinterhaus abreißen und errichtete für 25.000 Gulden einen schlichten, jedoch funktionsgerechten Neubau mit etwa 25 Zimmern für maximal 75 Patienten, der sich, nur durch eine Brandmauer getrennt, unmittelbar an das Kastenhospital anschloß.

Fassade des Kastenhospitals.
Aquarellierte Tuschzeichnung, um 1783.

Die räumliche Nähe sowie die Versorgung und Betreuung der Epileptiker durch Mitarbeiter des Kastenhospitals ließen diese beiden Anstalten zunehmend zusammenwachsen. 1834 schließlich wurden Anstalt und Hospital organisatorisch und verwaltungstechnisch zur „Anstalt für Irre und Epileptische" vereinigt und in Form einer Stiftung einem neu gegründeten Pflegamt untergeordnet. Dies war in organisatorischer wie baulicher Hinsicht der Zustand der Irrenfürsorge, den Heinrich Hoffmann antraf, als er 1834 in seine Heimatstadt zurückkehrte. Daß sich im Zeitraum zwischen dem Bezug des Neubaus des Kastenhospitals 1785 und der Gründung der Anstalt für Irre und Epileptische in der Erwartungshaltung an die Unterbringung Geisteskranker ein grundlegender Wandel vollzogen hatte, verdeutlicht das vernichtende Urteil des Arztes Ludwig Krahmer, das dieser nach Besichtigung der Anstalt 1835 anläßlich eines Besuches bei seinem Freund Hoffmann in Frankfurt am Main fällte: „Die Irrenanstalt, verbunden mit einer Heilanstalt für Epileptische ist unter aller Würde schlecht. Männer und Frauen, Irre und Epileptische, Tolle und Melancholische, alles läuft bunt durcheinander herum in schmutzigen unangenehmen Anzügen. Die Gemächer für Tolle ähneln mehr Schweineställen als Gemächern für unglückliche Kranke; die Luft ist verpestet. Um die Kranken in ihrem Wahnsinn vor Verletzungen zu sichern, ist gar keine Anstalt getroffen; die einzige Sorge scheint gewesen zu sein, sie möglichst fest einzusperren. Ihre Fenster gehen nach dem Hof der anderen heraus, und selbst der Wärter erlaubte sich, den einen Kranken zu reizen, um sich an den Ausbrüchen seiner Wuth zu ergötzen. Pfui der Schande, so mit den unglücklichen Geschöpfen umzugehen! Irre bedürfen gerade am meisten gut eingerichteter Anstalten zu ihrer Heilung, und wie möchte wohl eine ordentliche Familie ihre Angehörigen in einen solchen Saustall schicken? Und dazu liegt die Anstalt mitten in der Stadt und bietet weder Aussicht noch Spaziergänge."[94]

Seinen Eindruck von den Zuständen an der Anstalt für Irre und Epileptische beim Amtsantritt als Arzt 17 Jahre nach dieser vernichtenden Beschreibung faßte Heinrich Hoffmann in seinen „Lebenserinnerungen" wie folgt zusammen: *„Ich aber fand die Anstalt, sowohl was das Gebäude, als auch was die Verpflegung anging, in ganz trostlosem Zustand."*[95] Lediglich organisatorisch hätten sich Verschiebungen ergeben, da nunmehr *„die ärztliche Leitung in den Vordergrund getreten und reichlicher für Wärterpersonal gesorgt worden"* war.[96]

Der Weg von der oben beschriebenen grundsätzlichen Erkenntnis hin zur Abwendung der in einem Bericht des Pflegamtes von 1853 zum Ausdruck gebrachten Mißstände an der Anstalt für Irre und Epileptische war weit und beschwerlich. Heinrich Hoffmann trat ihn an, emsig, unbeirrbar, und nie das Einzelschicksal der ihm Schutzbefohlenen, der Irren und Geisteskranken, aus dem Auge verlierend.

Arzt an der Anstalt für Irre und Epileptische
Motivation – Qualifikation – Bestandsaufnahme

> *„Das Jahr 1851 war das bedeutungsvollste in dieser*
> *Zeit meines Lebens für mich und brachte mich end-*
> *lich auf den Weg, den ich in einer 37jährigen pflicht-*
> *getreuen Ausdauer verfolgen sollte. Die Stelle des*
> *Arztes an der Irrenanstalt wurde definitiv frei und*
> *sollte neu besetzt werden."* [97]

Der Rückblick Heinrich Hoffmanns auf jene Entscheidung, die den Berufsweg des nunmehr 42jährigen maßgeblich verändern sollte, gibt zu mancherlei Spekulation Anlaß. War seine Bewerbung um die Nachfolge von Johann Conrad Varrentrapp als Arzt an der Irrenanstalt tatsächlich spontan und ungeplant, oder steckte nicht doch Vorbereitung und Zielstrebigkeit hinter diesem Entschluß? Deutet nicht die Tatsache, daß er wenige Wochen vor dem Ausscheiden Varrentrapps aus der Irrenanstalt mit einer Abhandlung über Halluzinationen[98] seinen Einstand auf dem Gebiet der Psychiatrie gab, auf den Versuch hin, sich vor seinen Kollegen für eine weitergehende Aufgabe zu qualifizieren? Was hatte Hoffmann zur Bewerbung um diese Stelle bewogen, betrieb er doch eine leidlich funktionierende Arztpraxis und fand in seiner Tätigkeit als Lehrer an der Senckenbergischen Anatomie Erfüllung? Hoffmanns Schilderung des Einstiegs in die Irrenbetreuung vermag es nicht, diese Fragen zu beantworten: *„Ich hatte die Anstalt noch nie betreten, noch nie eine Irrenanstalt besucht. Aber ich glaube, daß ich an die rechte Stelle kam."* [99]

Bezüglich der materiellen Entlohnung für den Dienst als Irrenarzt zumindest sollten sich seine Erwartungen vorerst nicht erfüllen. Sie lag mit 600 Gulden jährlich noch unter den Aufwendungen des jungen Studenten in Heidelberg, so daß Hoffmann gezwungenermaßen weiterhin eine Arztpraxis betrieb. Um sich nicht in unterschiedlichen Aufgaben und Funktionen zu verzetteln, gab er die Stelle an der Senckenbergischen Anatomie auf. Zu seinem Nachfolger wurde Johann Christian Gustav Lucae ernannt.

Der außerordentliche Einsatz Hoffmanns in seinem neuen Aufgabenbereich, die bis an die Grenze körperlicher Zerrüttung gehende Kraftanstrengung, zu der er bereit war, legen den Schluß nahe, daß es humanitäre Motive waren, die ihn trieben. In dieser Funktion glaubte er, den schwächsten Gliedern der Gesellschaft entscheidend helfen zu können. So berichtet er schon ein halbes Jahr nach seinem Amtsantritt voller Genugtuung dem Freund Krahmer in Halle von seiner beruflichen Veränderung: *„Ich bin nunmehr endlich in eine definitiv ärztliche Stellung hineingerathen, alles andere war ja bis jetzt nur Propädeutik. – Ich habe seit einem halben Jahr ein Hospital, wo ich nicht viel zu verschreiben brauche, viel, sehr viel zu beobachten habe, und* *dabei Gelegenheit finde, den mir einmal von Gott eingeprägten Hang freundlich mit meinen Mitgeschöpfen zu verkehren in vollem Maße nachleben zu können. Ich bin Arzt am Irrenhause dahier. Ich finde volle hohe Befriedigung in diesem Beruf.*" [100] Und eine Beschreibung aus dem Jahr 1853 bestärkt den Eindruck, daß es vor allen Dingen humanitäre Aspekte waren, die Hoffmann zur Bewerbung um die Arztstelle an der Irrenanstalt bewogen: "*Wenn nun das Mitleid mit dem Grade der Not steigen soll, ... dann gibt es unter den zahlreichen Arten menschlichen Elendes keines, welches lauter zum Herzen schreit, als der Jammer des Irrenhauses. Wahrlich! die Schmerzen des Körpers können zur Verzweiflung treiben; aber gräßlicher, entsetzlicher sind die Schmerzen, unter denen sich die Seele des Geisteskranken windet! In den Mauern des Irrenhauses gibt es weit weniger glückliche Narren als außerhalb derselben.*" [101]

Zunächst machte sich Hoffmann daran, seine selbst diagnostizierten Wissenslücken auf dem Feld der Irrenpflege zu schließen: "*Meinen von mir ausbedungenen alljährlichen vierwöchigen Urlaub mußte ich in diesem wie auch im folgenden Jahre zu Berufsreisen und Besuchen bestehender Irrenanstalten in Deutschland und Österreich verwenden.*" [102] Hierunter verstand er ausgedehnte „Belehrungsreisen" zum Besuch von Krankenhäusern und Irrenanstalten. Die Rundreise des Jahres 1851 begann auf dem Eichberg bei Eltville, wo zwei Jahre zuvor eine Heil- und Pflegeanstalt eröffnet worden war, die für damalige Verhältnisse als mustergültig galt. Siegburg als nächste Station bot angesichts ihrer herausgehobenen Stellung als Lehranstalt für Medizinstudenten aus Bonn interessante Aufschlüsse für Möglichkeiten einer Besserung der Frankfurter Verhältnisse. Pforzheim und Illenau, die anschließend auf dem Reiseplan standen, waren von Interesse, weil die dortigen Anstalten den damaligen Konflikt in der Standortfrage für Irrenanstalten repräsentierten: Während die Pflegeanstalt Pforzheims aus dem 18. Jahrhundert in der Stadtmitte lag, hatte Illenau 1842 eine Anstalt auf der grünen Wiese erbaut. Im Sommer des nächsten Jahres führte der Reiseplan Hoffmann nach Bayern, Österreich und Sachsen. Diesmal standen neben den Besuchen von Irrenanstalten auch Besichtigungen in Krankenhäusern sowie in Universitätskliniken auf dem Programm. Im Rückblick der „Lebenserinnerungen" bündelte Hoffmann das Ergebnis seiner Reisen in dem Urteil: "*Ich war nun mit einer reichlichen Ausbeute von Kenntnissen und Erfahrungen über die neuesten Anstalten heimgekehrt; meine nächste Aufgabe war nun, alle Gebrechen unserer alten Anstalt zu erkennen, zu notieren und über unsere zukünftigen Bedürfnisse nachzudenken.*" [103] Das Forum des Ärztlichen Vereins nutzte Hoffmann im Herbst 1852 gleich viermal, um seine Eindrücke von den Besuchen in Irrenanstalten des In- und Auslandes vor den Kollegen zu schildern. Er unternahm dies gewiß auch mit der weitergehenden Absicht, seine folgenden Bemühungen um eine Hebung der Frankfurter Verhältnisse auf dem Gebiet der Irrenfürsorge in Fachkreisen abzusichern.[104] Neben einem allgemeinen Überblick über den damaligen Stand der Irrenfürsorge reifte in ihm wohl in dieser Zeit die Erkenntnis, daß unter den in Frankfurt vor-

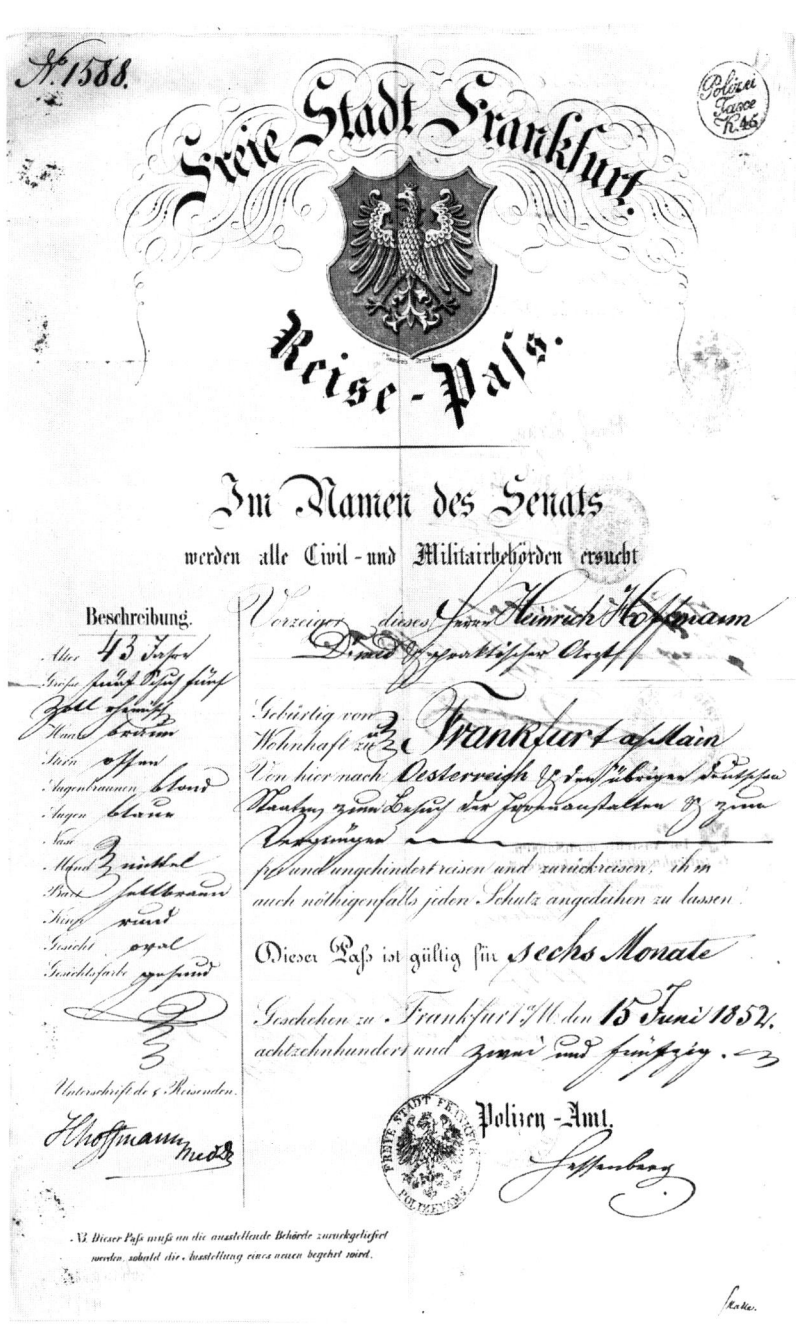

Am 15. Juni 1852 vom Polizei-Amt der Freien Stadt Frankfurt für Heinrich Hoffmann ausgestellter Reisepaß.

handenen Gegebenheiten an der Anstalt für Irre und Epileptische die auch von ihm als völlig ungenügend empfundenen Zu- und Mißstände nicht würden behoben werden können. *„Wir sehen in unserer Stadt für Hilfsbedürftige fast aller Art zweckmäßige Anstalten in zum Teil fast prachtvollen Bauten... Nur eine Anstalt hat mit diesem allseitigen Fortbilden nicht ebenmäßigen Schritt halten können. Es ist unsere Anstalt für Irre und Epileptische."*[105]

In einem ausführlichen Bericht an das Pflegamt listete Hoffmann im August 1853 die wesentlichsten Mängel der Anstalt für Irre und Epileptische auf.[106] Vor allem Platzmangel war es, der sich negativ auf die Krankenbetreuung auswirkte. So scheiterten arbeitstherapeutische Maßnahmen an den mangelnden Grünflächen für Acker- und Gartenbau. In den nur sehr begrenzten räumlichen Möglichkeiten war eine Einteilung der Patienten nach verschiedenen Krankheitsgraden nicht möglich. Am Platzmangel scheiterte auch eine konsequente, im 19. Jahrhundert für unabdingbar gehaltene Trennung der Kranken nach Geschlecht. Turnunterricht, eine Therapie, die zur Zeit von Hoffmanns Amtsantritt gerade lebhaft diskutiert wurde und dessen uneingeschränkte Zustimmung fand, scheiterte ebenfalls an den ungünstigen Rahmenbedingungen. Als wesentlichsten Nachteil empfand Hoffmann die mangelnden Möglichkeiten, die Kranken entsprechend ihres Krankheitsbildes voneinander getrennt zu versorgen. *„So findet sich der Heilbare genötigt, in Gesellschaft des Unheilbaren zu leben, und vielleicht mit Schaudern zu erfahren, daß dieser seit 10, 20, ja 30 Jahren diesen Unglücksort bewohnt. Wie soll da der Lichtstrahl der Hoffnung in die zagende Seele leuchten können?"*[107] Verstärkt wurde dieser Mißstand noch durch die Vielzahl von Fällen fortschreitenden Altersschwachsinns, von Kranken also, die für ihre Umwelt gänzlich ungefährlich waren, die aber aus Gründen ihrer eigenen Sicherheit von den Angehörigen der Obhut der Anstalt übergeben wurden und dort zusammen mit den verschiedenen Klassen von Geisteskranken untergebracht waren. Für besonders unzureichend hielt Hoffmann die Unterbringung der Tobsüchtigen, die in viel zu kleinen Zellen eingepfercht waren. Erschwerend kam hinzu, daß die Zellen dieser unheilbaren Schwerstkranken im Zentrum des Gebäudes so angeordnet waren, daß die Heilbaren gezwungenermaßen Zeugen von Tobsuchtsanfällen und Rasereien wurden. Untragbar waren auch die Umstände der Verpflegung der Anstaltsinsassen. Mangels geeigneter Küchenräume wurde der Großteil des Essens fertig zubereitet von außen angeliefert; nur für die Pensionäre und für besondere Fälle kochte der Anstaltsverwalter. Die Einnahme der Mahlzeiten erfolgte in einem Saal, der zugleich als Arbeits- und Aufenthaltsraum diente. Für die seinerzeit fortschrittlichen Wasserbehandlungen war die Frankfurter Anstalt mit ihren zwei Brunnen überhaupt nicht gerüstet. Hoffmann erwähnt die Notwendigkeit von mindestens vier, besser sechs, Badestuben mit fließendem Wasserzulauf, um die verschiedenen Badeanwendungen wie Regen-, Sturz- oder Fußbad sowie Kaltwasserkuren verab-

Heinrich Hoffmann in seinem Arbeitszimmer. Radierung nach einem Aquarell von Adolf Schroedter 1852.

reichen zu können. Erschwerend kam hinzu, daß die einzig vorhandene Badestube für Leichensektionen zweckentfremdet wurde. Hoffmann stellt hierzu fest: *„Mit welcher Lust und Behaglichkeit sich die Kranken, wenn sie dies Verhältnis erfahren (und in einem Hause, gebaut wie das unsrige, kann nichts verhehlt werden), zu dem Bade begeben mögen, wird jeder begreiflich finden.“*[108]

Ein letzter Punkt, den Hoffmann in seinem Mängelkatalog erwähnt, läßt sich zunächst als ein Plädoyer für ein Zweiklassen-Hospital mißverstehen. Er kritisiert, daß infolge der schlechten Zustände an der Frankfurter Anstalt *„bemittelte Kranke“* in besser ausgestattete Anstalten der näheren Umgebung, wie nach Eichberg, Illenau oder auch in Privatanstalten eingewiesen würden. *„Nur der Arme, gänzlich unbemittelte (oder gänzlich Unheilbare) fällt der unsrigen zu, da man für ihn nicht wählen kann, da er mit dem sich begnügen muß, was eben vorhanden ist.“* Und er folgert: *„Wir müßten, wie andere Anstalten, die Möglichkeit besitzen, wohlhabende Kranke in gesonderten Abteilungen ihren früheren Lebensverhältnissen, soweit dies geistiger Zustand und Heilung zulassen, entsprechend aufzunehmen.“*[109] Daß dies nur am Rande, quasi als Abfallprodukt, eine verbesserte materielle Lage der Anstalt durch gehobene Beiträge bedeutete, unterstreicht Hoffmann, indem er seine Hintergedanken ausspricht: *„An dem aber, was diesen Kranken alsdann geboten werden kann, müßte auch der gebildete Kranke, selbst wenn er arm ist, teilnehmen können, während derselbe jetzt in einer Gesellschaft zu leben gezwungen ist, in der für ihn kein Heil, sondern oft nur Verschlimmerung zu erwarten steht.“* Und er faßt zusammen: *„Eine solche Anstalt soll ... an jenen Pfleglingen etwas gewinnen, aber wohl bemerkt, nicht zum Besten ihrer Kassen, sondern zum Besten ihrer Kranken, zum Besten ihrer armen unbemittelten Kranken.“*[110]

Zur Abfassung dieses „Sündenregisters“[111] sah sich Hoffmann veranlaßt, um ein weitergehendes Vorhaben voranzutreiben. Denn in ihm reifte *„schon damals der Entschluß ..., alle meine Kraft einzusetzen, um eine neue Anstalt zu bauen.“*[112] Hoffmann beabsichtigte keineswegs, die Leistungen seines Vorgängers, des Medizinalrates Johann Conrad Varrentrapp, der die Anstalt von 1814 bis 1851 geleitet hatte, sowie seines Verwalters Anton Antoni zu schmälern: *„Pflegamt, Verwalter und mein ärztlicher Vorgänger haben alles getan, was möglich war; mehr als das Mögliche aber zu verlangen, wäre Unvernunft.“*[113] Die folgende Schilderung der Verdienste der bisher um die Irrenversorgung Bemühten liefert weitere Einzelheiten über die Zustände in der Anstalt: *„Außer dem oben Erwähnten haben wir eine Schuhmacherei und eine Schneiderei, welche die Anstalt versorgen. ... Ein Billard, eine Kegelbahn und sonstige Spiele zerstreuen die Kranken am Abend und in den Freistunden. ... Im Winter findet alle 14 Tage eine musikalische Abendunterhaltung statt, welche zahlreich und mit großer Aufmerksamkeit von den Kranken besucht wird.“*[114] Den Leistungen des Verwalters Antoni, der zusammen mit seiner Gattin seit 1818 im Dienste des Pflegamtes stand und mit dem Hoffmann noch bis zu dessen Ausscheiden im Jahr 1856 zusammenarbeiten sollte, zollte er Respekt, wenn er beschrieb, wie dieser bemüht war, das Los der Kranken trotz der bescheidenen äußeren Umstände zu erleichtern: *„Mehr noch; -*

Anton Antoni, Verwalter des Kastenhospitals von 1818 bis 1856. Pastell um 1820.

Herr Verwalter Antoni, auf zwei nicht besonders geräumige Zimmer zur Tageswohnung beschränkt, hat auch diese und seine Arbeitsstube mit mehreren ruhigen und konvaleszierenden Kranken geteilt, die hierdurch die Freude und Ruhe des Familienlebens genießen können. Überhaupt möchte ich keine Gelegenheit versäumen, um in vollster

Überzeugung der Menschenfreundlichkeit und Pflichttreue dieses Mannes und seiner Gattin volle Gerechtigkeit und Anerkennung widerfahren zu lassen." [115]

Die Kenntnis der Baugeschichte der Anstalt im 18. Jahrhundert wie auch bald gesammelte eigene Erfahrungen über die Haltung der Frankfurter Gesellschaft gegenüber den Geisteskranken ließen Hoffmann mit realistischem Augenmaß an die Verwirklichung seines Lebensziels, des Neubaus einer Irrenanstalt herangehen: *"Man sieht daraus, wie schwer es damals hielt, im alten Frankfurt neue, humane Ansichten über die Pflege der Geisteskranken durchzuführen, und welche Schwierigkeiten es kosten mußte, die Behörde zu einem kostspieligen Neubau zu bringen."* [116]

Der Bau der Irrenanstalt am Affenstein
Landluft macht gesund – Die Standortfrage

> *"Wenn es für einen geistig gesunden Menschen schon ein Bedürfnis ist, zuweilen die engen Räume und das Gewühl der Stadt zu verlassen, um sich unter Gottes freiem Himmel ... frei von Sorgen zu fühlen, ... so ist solch eine freie stärkende Umgebung für die krankhaft niedergebeugte oder erregte Menschenseele, die doch doppelt und dreifach zu tragen hat, eine noch weit dringendere Notwendigkeit."* [117]

In der fachlichen Auseinandersetzung um die Standortfrage der Irrenanstalt hatte sich Hoffmann auf die Seite derer geschlagen, die eine Lage außerhalb der Stadt in der Natur bevorzugten. Er konnte hierbei an Planungen des Pflegamtes aus den frühen 20er Jahren anknüpfen, nach denen zunächst 1823 die Günthersburg in Bornheim, und ein Jahr später das Leonhardsche Gut bei Oberrad als neues Domizil der Irrenanstalt erwogen worden waren. Beide Vorhaben scheiterten an den beschränkten Mitteln des Pflegamtes. [118] Hoffmann ging es natürlich nicht darum, die Gesellschaft vor dem Anblick der Irren zu bewahren. Vielmehr meinte er, daß sich die Geisteskranken inmitten der Natur wesentlich ungezwungener als unter den beengten Verhältnissen der Innenstadt entwickeln könnten. *"Die unglücklichen Geisteskranken müssen ... aus sich selbst herausgeführt werden; zwischen engen Mauern, in hohen düstern Häusern kann dies nicht geschehen; unendlich wohltätig und belebend wirkt ein Blick auf die mannigfach wechselnde Fläche, beruhigend aber zugleich die Stille des Landes, die Entfernung vom Lärm der Gewerbe und vom Treiben und Drängen der Straßen"*, [119] so Hoffmanns Begründung für die Verlagerung der Anstalt aufs Land in seinem Bericht an das Pflegamt von 1853. Ein weiteres Argument für den Abzug aus dem Stadtzentrum an die Peripherie waren neuere Erkenntnisse, nach denen für einen Heilungsprozeß verschiedener Formen der Geisteskrankheit die räumliche und persönliche Trennung des Kranken von seiner gewohnten Umgebung unabdingbar war. So war nach Meinung Hoffmanns die *„Behandlung und Heilung der Geisteskranken in den Privatverhältnissen, in ihrer Familie eine Sache der reinen Unmöglichkeit"* und er forderte: *„Trennung von ihr, Entfernung ist das erste Gebot."* [120] Desweiteren war Hoffmann der festen Überzeugung, daß gerade die unbedingt notwendigen Liberalisierungen im Umgang mit Geisteskranken, so der Verzicht auf unmittelbare Zwangsmaßnahmen im Augenblick von Tobsuchtsanfällen, dazu führten, daß Schreie und Lärm aus der Anstalt drängen und Bewohner der unmittelbaren Umgebung falsche Rückschlüsse ziehen würden. Es drohte die Gefahr, daß ein Irrenhaus in der Mitte einer Stadt *„statt Sympathie und Anerkennung ... Abneigung und Verurteilung erwerbe."* [121] Auf die Frankfurter Verhältnisse übertragen sah er, bedingt durch die Flächensituation auf dem Gelände der bestehenden Anstalt, keine weiteren Ausbau- und damit Verbesserungsmöglichkeiten, weshalb seines Erachtens ohnehin nur ein Bau außerhalb des Stadtzentrums möglich war.

Die Kampagne

*„Ich sprach mit jedermann von nichts anderem als
von meinem Plan, und ich glaube, man ging mir oft
geflissentlich aus dem Wege. Aber das half nichts; ich
dachte, die Leute müssen merken, daß nichts anderes
helfe, als daß man mir hülfe."*[122]

Mit der Kampagne zum Bau einer neuen Irrenanstalt außerhalb der Stadt begab
sich Hoffmann auf einen vielschichtigen Kampfplatz. Zunächst galt es, seinen
Arbeitgeber, das Pflegamt, von den Notwendigkeiten und der Machbarkeit seiner
Pläne zu überzeugen. Zweitens bedurfte es politischen Rückhalts im Frankfurter
Senat und drittens hieß es, in der Bevölkerung der Stadt eine positive Stimmung
gegenüber seinen Plänen herbeizuführen. Der oben ausführlich zitierte Bericht
Hoffmanns an das Pflegamt über die Mißstände in der bestehenden Anstalt kam
dieser mehrschichtigen Aufgabe nach: Einerseits sorgte er für eine Spaltung der
Mitglieder des Pflegamtes in der Frage der Notwendigkeit eines Neubaus vor der
Stadt – drei Mitglieder sprachen sich dafür, zwei dagegen aus -, andererseits gelang
es, den Senat der Stadt zum Eingeständnis der untragbaren Zustände in der Anstalt
für Irre und Epileptische zu bewegen. Da der Senat dieses Eingeständnis mit der
Äußerung verband, daß zur Behebung der Mißstände kaum mit finanzieller
Beihilfe aus dem Stadtsäckel zu rechnen sei, so war damit Unverständnis und
Aufregung in der Öffentlichkeit und damit ein beginnendes Interesse an den
Angelegenheiten der Irrenversorgung gesichert. Auch das Pflegamt erkannte die
Notwendigkeit, zunächst in der Öffentlichkeit Verständnis zu wecken: „Das
Pflegamt glaubt nach allem diesem nicht länger zögern zu dürfen, dadurch den er-
sten Schritt zur Abschaffung der gegenwärtigen Mißstände zu tun, daß es diesel-
ben offen ... seinen Mitbürgern mitteilt, in der Hoffnung, durch den bewährten
Wohltätigkeitssinn derselben eine Unterstützung zu erlangen, welche die
Ausführung eines so notwendigen Unternehmens allein möglich macht."[123]

Für fachliche Unterstützung von außen sorgte Hoffmann, indem er mit Wissen
des Pflegamtes, dem infolge interner Auseinandersetzungen mittlerweile der ihm
fachlich und freundschaftlich verbundene Gustav Passavant als Senior vorstand,
mehrere Kapazitäten des Irrenhauswesens um eine Beurteilung der Frankfurter
Verhältnisse und der Möglichkeiten eines Umbaus der bestehenden Anstalt gebe-
ten hatte. Die Gutachten der Irrenärzte und Leiter entsprechender Anstalten,
Maximilian Jacobi (Heil- und Pflegeanstalt in Siegburg), Albrecht Ernst von Zeller
(Heilanstalt in Winnental) und Christian Friedrich Wilhelm Roller (Anstalt
Illenau), ließen an Deutlichkeit nichts zu wünschen übrig. Einmütig attestierten sie
der Frankfurter Anstalt unmenschliche Zustände und verwarfen die Möglichkeit,
durch Umbaumaßnahmen eine wesentliche Verbesserung der Situation erreichen

zu können. Gewiß hatte Hoffmann diese drei Kollegen mit Bedacht ausgewählt, hatte er sie doch während seiner „Belehrungsreise" im vorangegangenen Sommer persönlich besucht und mit ihnen einen lebendigen Erfahrungsaustausch gepflegt. Wenn dennoch das Urteil Rollers überraschte, so deshalb, weil dieser 1826 anläßlich eines Besuches der Frankfurter Anstalt die hier herrschenden Zustände noch lobend im ausliegenden „Fremdenbuch" gewürdigt hatte. Roller notierte damals, daß im Frankfurter Kastenhospital „ein neuer Beweis dafür gefunden wurde, daß eine milde humane Behandlung der Irren die Grundlage aller psychischen Kuren ist."124 Sein Gutachten von 1852 leitete er deshalb zunächst mit einer Entschuldigung dafür ein, nicht schon 1826 seiner Pflicht nachgekommen zu sein, „die Bürger und Behörden jener Stadt aufmerksam zu machen auf die große Verantwortung, die sie dadurch auf sich laden, daß für die armen Seelengestörten so wenig gesorgt ist."125 Abschließend schreibt er den Frankfurtern einen eindringlichen Appell ins Stammbuch: „Ich kann mir nicht denken, wie ein Frankfurter Bürger, der es weiß, wie es mit dem Irrenwesen seiner Vaterstadt und wie es anderwärts aussieht, des Abends ruhig einschlafen kann; wie er sich nicht gedrungen fühlt, alles aufzubieten, um diese ärmsten Brüder aus ihren engen trüben Räumen zu befreien."126

Von diesen ersten Erfolgen seiner beginnenden Kampagne angespornt, war es in der Folgezeit Hoffmanns dringendes Anliegen, das Wissen um die Untragbarkeit der Zustände in der Frankfurter Anstalt in die Bevölkerung zu transportieren und zugleich seine Mitbürger zu einer großangelegten Spendenaktion zu motivieren. Von welch unbändigem Optimismus und ungetrübter Zuversicht er dabei geleitet wurde, brachte er zum Ausdruck, wenn er an das Pflegamt schrieb: *„Diese (Geldmittel für den Bau) ... herbeizuschaffen, müßte meines Bedenkens zunächst die alleinige Aufgabe sein, eine Aufgabe, die, so schwer sie auch scheinen mag, dennoch gelöst werden kann und wird, wenn wir mit derselben Ausdauer und Hingebung rastlos tätig zu sein vermögen, die in Frankfurt schon so oft Großes und Schönes zustande gebracht haben."* 127 Mit der Aufzählung zahlreicher Beispiele privater Stiftungen und Initiativen verdeutlichte er vorweg, daß sein Anliegen sich nicht primär an die Kommune richtete, sondern daß es ihm um die Weckung privater Initiativen und Stiftungen ankam. Hier suchte er eine Initialzündung zu bewirken: *„So sehen wir, daß der Wohltätigkeitssinn mit verhältnismäßig geringer Unterstützung von Seiten der Staatskasse Anstalten geschaffen hat, welche alles leisten, was man von ihnen verlangen kann."* 128 Eindringlich appellierte er an das Mitgefühl der Frankfurter, indem er fortfuhr: *„dann gibt es unter den zahlreichen Arten menschlichen Elendes keines, welches lauter zum Herzen schreit, als der Jammer des Irrenhauses. Wahrlich! die Schmerzen des Körpers können zur Verzweiflung treiben; aber gräßlicher, entsetzlicher sind die Schmerzen, unter denen sich die Seele des Geisteskranken windet!"* 129

Einem erfahrenen Wahlkämpfer gleich begann Hoffmann seine Kampagne mit einer Artikelserie in den lokalen Zeitungen; im „Frankfurter Intelligenzblatt" und später im „Frankfurter Konversationsblatt". Eine derart sensibilisierte Öffentlichkeit lud er schließlich 1856 zu einer Versammlung im Saal des Weidenbusch ein, um dort einem Kreis angesehener und gewiß nicht unvermögender Bürger sein Anliegen vorzutragen. Mit Spendenlisten versorgt machten sich dann bald die von ihm und seinem Ansinnen Überzeugten auf den Weg durch Frankfurt, um Subskribenten zu gewinnen. Schon binnen vierzehn Tagen, so weiß Hoffmann rückblickend zu berichten, seien 46.000 Gulden gezeichnet worden. Einer der ersten Spender war Freiherr von Wiesenhütten, der auf dem Postweg 300 Gulden an Hoffmann weiterleiten ließ und den Wunsch äußerte, daß Reichbegüterte mehr geben sollten.[130] Es ist nicht bekannt, ob sich Freiherr von Wiesenhütten im Augenblick seiner Spende dessen bewußt war, daß er schon zehn Jahre zuvor die Anstalt für Irre und Epileptische testamentarisch mit einem erheblichen Betrag bedacht hatte. Zunächst hielt er sich darüber zumindest bedeckt, und es bedurfte einer gezielten Indiskretion, um Hoffmanns Anliegen entscheidend zu befördern. Anerkennend würdigten aufmerksame Zeitgenossen Hoffmanns unermüdliche Bemühungen um die Spendensammlung. Heinrich Meidinger bilanzierte schon 1856 unter Summierung des Spendeneingangs auf 40.447 Gulden zuzüglich 9.000 Gulden von israelitischen Einwohnern: „Dem gegenwärtigen umsichtigen Arzte dieser Anstalt (der Irrenanstalt), Dr. Heinr. Hoffmann, verdankt dieselbe ihre bevorstehende Verlegung ausserhalb der Stadt, und die Herbeischaffung der Mittel, dieses Unternehmen auszuführen. ...Ohne Dr. H., d. h. ohne dessen unermüdlichen Eifer, wäre es nicht dazu gekommen".[131] Die Stellungnahme Meidingers vermittelt die Grundstimmung, daß der Optimismus Hoffmanns in die Realisierbarkeit seiner Pläne die Bürgerschaft erfaßt hatte. Daß dem so war, zeigte sich im Verlauf des Jahres 1858. Zunächst erhielt Hoffmanns Bestreben Unterstützung durch das Pflegamt des Hospitals zum Heiligen Geist, einer „Schwesteranstalt" des Pflegamtes für die Irrenfürsorge: „Obwohl die Stiftung, welcher wir vorstehen, nur die Aufgabe hat, physische Leiden und körperliche Gebrechen zu heilen, so kann uns doch das Wirken der durch Sie ... vertretenen Schwesteranstalt nicht gleichgültig sein. ...So erweckt doch gerade die Ihrer Anstalt gestellte Aufgabe die lebhaftesten Sympathien. In ihr soll der erloschene Geist wiederbelebt, der Mensch, der unter das Thier gesunken ist, wieder zum Menschen gemacht, und gleichsam neu geboren, seiner Familie und der bürgerlichen Gesellschaft wieder gegeben werden."[132] Einer Beschreibung der seinerzeitigen Einsichten und Notwendigkeiten der Irrenfürsorge folgt in dem zitierten Brief eine Würdigung der Bemühungen des Pflegamtes, die in Frankfurt herrschenden Mißstände zu beseitigen. Der Brief mündet in die Bemerkung: „allein leider sind bis jetzt alle Ihre Bemühungen an dem Geldpunkte gescheitert. Denn ein Neubau, der vollständig seinem Zweck entsprechen soll, wird bedeutende Summen kosten, und bis jetzt haben die Staatsbehörden, durch die Höhe derselben zurückgeschreckt, Anstand genommen, diese aus Staatsmitteln zu bewilligen." Diesem unbefriedigenden Zustand wollte man nun abhelfen, indem „ein hypothekarisch zu versicherndes Darlehen von fl. 100.000,- (=Gulden) ... aus den verfügbaren Mitteln des Hospitals zum heiligen Geist" unter der Voraussetzung, „daß das dann noch Fehlende aus Staatsmitteln zugeschossen wird", in Aussicht gestellt wurde.[133] Damit war die Tür zum Erfolg des Hoffmannschen Unternehmens weit geöffnet.

Die Kampagne Hoffmanns hatte sich somit in zweierlei Hinsicht bewährt: In der Öffentlichkeit war das Bewußtsein um die Mißstände auf dem Gebiet der Irrenfürsorge entscheidend gewachsen. Ein Tabuthema wurde zum alltäglichen Gesprächsstoff. Zugleich mit der Bereitschaft der Bevölkerung, entsprechend den individuellen Möglichkeiten durch Geldspenden Abhilfe zu leisten, wuchsen natürlich die Ansprüche an die städtischen und staatlichen Behörden, gleiches zu tun. Das Darlehen der „Schwesteranstalt" des Pflegamtes für das Irrenwesen unterstrich einmal mehr die Notwendigkeiten für einen Neubau und setzte die Behörden unter erheblichen Zugzwang. Ein weiteres Zögern in dieser Angelegenheit konnte nunmehr schwerlich mit Geldmangel gerechtfertigt werden.

Der Stifter

„Verehrliches Pflegamt!

In aufrichtiger Anerkennung Ihres würdigen Eifers für die Errichtung einer neuen, den jetzigen Forderungen angemessenen Irrenanstalt dahier und eben so wie Sie durchdrungen von der Nothwendigkeit dieses Neubaues, fühle ich mich in meinem Gewissen verpflichtet, nach Kräften zur Erreichung dieses edlen Zieles mit beizutragen. Ich habe daher unter dem 25. dieses Monats meinem Testamente folgendes Codizill beigefügt:

Dem hiesigen Irrenhause vermache ich hiermit Hundert Tausend Gulden, jedoch unter folgenden Bedingungen:

1) daß dieselben nur zum Baue der beabsichtigten neuen Irrenanstalt verwendet werden dürfen;

2) daß von der neuen Anstalt alle in der Stadt verbürgerten armen Irren ohne Unterschied des Glaubens unentgeltlich verpflegt werden können ...;

3) daß der Bau der neuen Anstalt spätestens binnen Jahresfrist von heute an begonnen wird."[134]

Mit diesem am 27. September 1858 gezeichneten Zusatz zu seinem Testament gab Ludwig Freiherr von Wiesenhütten dem Anliegen Hoffmanns den entscheidenden Anstoß. Georg Christoph Binding, ein Freund Hoffmanns aus früheren Jahren – unter anderem aus der gemeinsamen Zeit im „Blütenkolleg" [135] –, hatte von den Bemühungen um den Neubau der Irrenanstalt erfahren. Er erinnerte sich, in seiner Funktion als Testamentsvollstrecker Wiesenhüttens einen Betrag von 100.000 Gulden, den dieser für die Anstalt für Irre und Epiletische vorgesehen hatte, in das 1843 formulierte Testament eingesetzt zu haben. Das Wissen hierüber teilte Binding – damit seine Schweigepflicht als Anwalt verletzend – Hoffmann mit. Der erkannte die Chance und wandte sich mit Hilfe der Vermittlung des Anstaltspfarrers Philipp Leonhard Kalb, der zugleich Beichtvater des Testators war, an den vermeintlichen Gönner. Der oben zitierte Anhang zum Testament Wiesenhüttens als Ergebnis der sich anschließenden Verhandlungen, über die Hoffmann ansonsten schweigt, ist Ausdruck eines genialen Schachzugs: Zum einen mußte der Senat, so er das Geld Wiesenhüttens nicht verfallen lassen und sich damit der Kritik der übrigen Geldgeber für den Neubau aussetzen wollte, binnen Jahresfrist mit den Bauarbeiten beginnen; zum anderen gelang es Hoffmann auf diese Weise, die Anstalt auch den Bewohnern der umliegenden Dörfer sowie den Juden zu öffnen. Letzteres war ein besonderes Anliegen Hoffmanns, hatten doch viele Juden seinen Aufruf um Spenden für den Neubau der Anstalt gezeichnet, wobei Hoffmann selbstverständlich damit zu rechnen hatte, daß diese angekündigten Beträge in Höhe von etwa 10.000 Gulden verfallen würden, wenn es nicht gelänge, auch Angehörigen der jüdischen Gemeinde Zugang zur Anstalt zu gewähren. Doch nicht nur dieser von Juden gezeichnete Betrag als Teil der Irrenhauskollekte, vielmehr Hoffmanns grundsätzliches Rechtsverständnis über das Verhältnis der Religionen untereinander war in dieser Frage betroffen: *„Ich wünsche für die Israeliten von ganzem Herzen hier und (an) anderen Orten volle Rechtsgleichheit"*, so Hoffmann in einem Schreiben an Ignaz Creizenach 1854, mit dem er diesen dringendst bat, innerhalb der Jüdischen Gemeinde eine positive Einstellung zu seiner Sammlung zu fördern. Daß es ihm dabei nicht allein um das Geld gehe, daß er vielmehr ein Druckmittel suche, um die angestrebte Rechtsgleichheit auf einem Teilgebiet zu erzwingen, stellte Hoffmann im weiteren Text seines Schreibens fest: *„Zu einer solchen Rechtserweiterung ist hier die Hand geboten. Wir haben gesehen, daß Revolutionen allerdings viel und rasch geben können, aber zugleich auch, wie schnell vorübergehend und unsicher ein solcher Besitz ist."* Vehement unterstrich er die Grundsätzlichkeit seines Eintretens für die Sache und die Rechtsgleichheit: *„Nein! Es liegt mir an der Summe als Beiträge wenig! Denn ich wiederhole: die Irrenhausreform ist für mich eine siegreiche Sache! – aber es tut mir leid, daß in einer Angelegenheit, wo das ungeteilteste Mitleid, die regste, oft rührendste Hilfsbereitschaft sich zeigte, daß da der konfessionelle Hader dazwischen springt und einen Riß reißt, grundlos, zwecklos, sogar unklug."* [136]

Mit dem Stifter Ludwig Freiherr von Wiesenhütten (1786-1859) und seinem Testament verfügte Hoffmann über einen unverfänglichen Hebel, die seit 1833 bestehenden konfessionellen Schranken in der Irrenfürsorge [137] aufzuheben. Wiesenhütten stammte aus einer im 18. Jahrhundert geadelten Familie. Sein Urgroßvater Johann Friedrich Wiesenhüter war Bankier, Juwelier und kaiserlicher

Ludwig Freiherr von Wiesenhütten (1786 – 1859). Marmorbüste von Johann Nepomuk Zwerger.

Hofrat Karls VI., sein Vater, Franz Wilhelm von Wiesenhütten, fungierte als Diplomat am Hof des hessischen Großherzogs. In dieser Funktion gelang es ihm, erheblichen Grundbesitz bei Butzbach, in der Wetterau sowie in Frankfurt zu erwerben. Ludwig Friedrich von Wiesenhütten, einziger Erbe der Besitzungen, beschränkte sich darauf, diese Güter zu verwalten, und lebte ansonsten fernab gesellschaftlicher und beruflicher Verpflichtungen zurückgezogen auf seinem Frankfurter Gut. Schon zu Lebzeiten übergab er, darin streng biblischen Glaubensregeln folgend, den Zehnten seiner Einkünfte an mildtätige Stiftungen. In seinem oben erwähnten Testament aus dem Jahr 1843 bestimmte er das Frankfurter Versorgungshaus, das als Alten- und Pflegeheim bis heute den Namen „Versorgungshaus und Wiesenhüttenstift" trägt, zum Universalerben.[138] Dieser christlich geprägte und der Nächstenliebe verschriebene Stifter und Wohltäter beharrte nun in seinem letzten Willen gegenüber dem Pflegamt und dem Senat der Stadt darauf, die von ihm geförderte Einrichtung der Irrenfürsorge auch Nichtchristen zu öffnen. Diese dem Gönner von Hoffmann nahegelegte Bedingung sollte sich bei der Abfassung

der „Stiftungs- und Verwaltungsordnung der Anstalt für Irre und Epileptische" –
erlassen 1863 und gültig ab dem Tag des Bezugs des Neubaus der Anstalt – als
Trumpf erweisen: „Art. 10. Die Anstalt nimmt zur Heilung und Verpflegung auf
1) Irre und Epileptische, welche dem hiesigen Staatsverbande angehören oder im
Staatsgebiet heimathberechtigt sind; 2) auswärtige Irre, welche zu ihrer eigenen
oder zur allgemeinen Sicherheit von dem Polizeiamte zur einstweiligen Aufnahme
eingewiesen worden, und 3) auswärtige Irre und Epileptische, welche von ihren
Angehörigen oder Pflegern der Anstalt anvertraut werden."[139]

Der Bau

> „Mit dem hauptsächlichsten Gegenstand meines
> Strebens und Lebens, dem Neubau der Irrenanstalt
> geht es endlich gut. Von den ƒ 368.000 Baukosten
> haben wir durch Schenkungen, Anleihen und Besitz
> 340.000 ƒ beisammen; der Zuschuß des Staates
> wird nur gering sein müssen; unsere Pläne liegen
> jetzt der Prüfung der Baubehörden vor. Jedenfalls soll
> und muß und wird bis nächsten Sommer oder
> Herbst begonnen werden müssen."[140]

Parallel zur finanziellen Absicherung des Neubauvorhabens beschäftigten sich das
Pflegamt und Hoffmann schon seit 1856 mit den konkreten Bauplanungen. Der
dritte Absatz des Wiesenhüttenschen Testamentsnachtrags, der den Baubeginn
„binnen Jahresfrist" nach Verkündung festgelegt hatte, brachte in die bis dahin angestellten Überlegungen endlich Bewegung. Zunächst galt es, die schon begonnene Suche nach einem geeigneten Gelände abzuschließen. Hoffmann verließ sich
hierbei, wie auch bei der weiteren Bauausführung, nicht auf den Sachverstand der
zuständigen Behörden und des Pflegamtes, vielmehr mischte er sich, stets um den
Fortgang des Projektes bemüht, wo nötig in die Planungen ein.

Anfang 1856 war Hoffmann zusammen mit einigen Mitgliedern des Pflegamtes
in der Frankfurter Gemarkung unterwegs gewesen, um nach geeignetem Baugrund
Ausschau zu halten. „Da kamen wir auch über den Affensteiner Weg nach der
Eschersheimer Chaussee... Wir stiegen aus und waren entzückt von der schönen und gesunden Lage. Ich rief aus: 'Hic manebimus optime!' – Und so geschah es".[141] Begünstigt
wurde die Entscheidung für das Gelände auf dem Affensteiner Feld durch die
Tatsache, daß dort der Stadt 13 Morgen Land gehörten, sowie durch die
großzügige und uneigennützige Überlassung einiger Grundstücke durch Baron
Anselm von Rothschild. Was noch fehlte wurde hinzugekauft, weitere zwei

Morgen Land aus Privatbesitz enteignet. „*So endlich hatten wir einen genügenden Besitz von etlichen 30 Morgen für Gebäude, Gärten, Gemüsezucht und Feldbau.*"[142] Die Klärung der letzten Vorbedingung für die Eignung des Geländes, die Frage nach der Verfügbarkeit natürlicher Wasservorkommen auf dem Affensteiner Feld, weckt Erinnerungen an den Architekten Philipp Jacob Hoffmann. Exakt diese Frage nämlich hatte Heinrich Hoffmanns Vater in einem ausführlichen Gutachten gut dreißig Jahre zuvor positiv beschieden: „Schon aus der natürlichen Lage des Gebirgs ist anzunehmen, daß sich die in demselben befindlichen Wasser, sowohl ost- und westwärts, als von Norden her, des natürlichen Falles wegen, nach der Stadt zubewegen müssen; und daß daher, sobald nur die Lettsohle der Oberfläche der Erde nah genug ist, diese Wasser zu Tale auslaufen. Wirklich finden sich auch, auf der Linie zwischen der Güntersburg und dem Affensteinerfeld, 13 auslaufende Brunnen, welche fortwährend das beste Wasser in reichlicher Menge liefern."[143] So nimmt es denn auch nicht Wunder, daß die eigens angeordnete Grabung eines Brunnens zu einem ebenso positiven Ergebnis kommt.

Die nächste Hürde, die es zu nehmen galt, war die Suche nach einem Architekten. Offiziell wurden durch das Pflegamt drei ausgewiesene Fachleute aus Aarau, Halle und Braunschweig zu einem honorierten Wettbewerb aufgefordert. Ihre Pläne hatten sich an ein von Hoffmann ausgearbeitetes Anforderungsprofil zu halten, das die allgemeine Disposition, die Raumgrößen von Zimmern, Zellen, Wirtschaftsräumen, Werkstätten sowie der sanitären Anlagen vorgab. Der Zufall wollte es, daß zu dieser Zeit die Ehefrau des Frankfurter Architekten Oskar Pichler ein Nervenleiden erlitt, von Hoffmann behandelt und bald darauf in die Anstalt im badischen Illenau eingewiesen wurde. Von den Gegebenheiten psychiatrischer Anstalten persönlich betroffen und voller Sorge um das Wohlergehen seiner Gattin bat Pichler, an dem schon ausgeschriebenen Architekturwettbewerb teilnehmen zu dürfen. Hoffmann erkannte die in dieser Bewerbung liegende Chance. Ihm war klar, daß die persönliche Betroffenheit von Pichler diesen am ehesten in die Lage versetzen könnte, sich in die Bedürfnisse der Kranken und die baulichen Notwendigkeiten hineinzudenken. Hoffmann erwirkte gegenüber dem Pflegamt die inoffizielle Teilnahme Pichlers an der Ausschreibung. Seine Rechnung ging auf: „*So nun erhielten wir vier Pläne für unseren Neubau. Absolut brauchbar aber erschien mir keiner. Der eine hatte uns ein finsteres Haus wie eine Bastille geliefert, der andere über die Grenzen unseres Gebietes hinausprojektiert und der dritte die Bäder und die Arbeitsräume gegen meine ausdrückliche Verwahrung in die Kellerräume gelegt. Pichler aber hatte sich am getreuesten an mein Programm gehalten.*"[144] Nach einer weiteren Begutachtung und Bewertung der Pläne durch den Leiter der Illenauer Anstalt, Geheimrat Roller, beauftragte das Pflegamt Oskar Pichler mit dem Neubau der Irrenanstalt. „*Zuvor aber sollte ich mit Pichler eine Belehrungsreise durch Norddeutschland, Holland, Belgien, England und Frankreich machen und dann mit reicher Erfahrung und gründlicher Kenntnis den Plan ausarbeiten*",[145] beschreibt Hoffmann das weitere Herangehen an das große

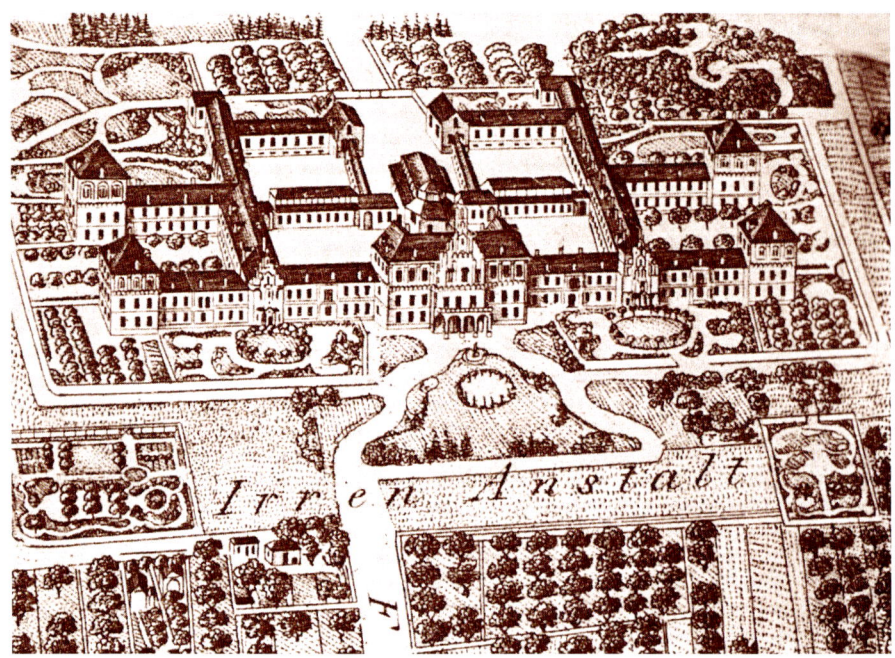

Die „Irren Anstalt" auf dem Affensteiner Feld. Ausschnitt des „Malerischen Plans von Frankfurt am Main und seiner nächsten Umgebung". Stahlstich nach einer Zeichnung von Friedrich Wilhelm Delkeskamp 1864.

Werk, das während der vierjährigen Bauzeit vom Architekten und auch vom Arzt großen Einsatz und viel gegenseitige Geduld verlangte. Hoffmann und Pichler wuchsen trotz unterschiedlicher Voraussetzungen – Pichler hatte keine akademische Ausbildung und bisweilen scheinen ihm die technischen und physikalischen Kenntnisse zur Umsetzung der Pläne gefehlt zu haben[146] – an dieser Aufgabe zu einem Team heran. Pichler beschrieb diesen Vorgang in einem 1863 erschienenen Artikel: „Obgleich nun das Wissen die Koncepzion gibt, muß dieser die Vorstellung von Raum und die Sicherheit der Anordnung des ganzen Organismus und seiner Größenverhältnisse zur Seite gehen. Es sollte daher weder der Arzt noch der Architekt allein eine Anstalt bauen wollen, sondern es erfordert das Zusammenwirken beider, wie überhaupt nur das übereinstimmende Zusammengehen von Arzt und Baumeister die nöthige ausübende Kraft gibt."[147] Angesichts latent vorhandener Widerstände gegen die Kosten und den Umfang des Neubauprojekts war ein abgestimmtes Vorgehen der Beteiligten auch unbedingt notwendig. Vor allem in den Behörden wurden Stimmen laut, die an dem Vorhaben zweifelten. Vorhaltungen, wie „diese Irrenanstalt ist viel zu groß! Es ist eine heillose Verschwendung für eine Stadt wie Frankfurt, solch ein umfangreiches

Gebäude für Geisteskranke zu bauen! Da könnte ja die halbe Stadt verrückt werden!"[148] begegnete Hoffmann einerseits voller Zynismus: *„Ich mein', meine Herrn, ein Haus, wo halb Frankfurt hineingehört, könnt' gar net groß genug werden."* [149] Andererseits bemühte er sich weiterhin, die Öffentlichkeit über die Notwendigkeit der Irrenfüsorge aufzuklären und sie damit gegenüber den ungerechtfertigten Vorwürfen zu immunisieren: *„Wenn aber solche Angriffe der guten Sache selbst, die man vertritt, zu schaden drohen, dann ist ein Wort der Abwehr Pflicht. Dies allein nöthigt mich zu dieser Darstellung. ... Ich will unserer Anstalt nur das gefährdete Wohlwollen der Bürger wahren und erhalten."*[150]

Wofür aber galt es, die Frankfurter zu begeistern? Im oben zitierten Artikel nennt Pichler die Rahmendaten des Hoffmannschen Bauprogramms. Wichtigste Größenordnung war dabei die Anzahl der Kranken. Ausgehend von den 114 Personen, die in der alten Anstalt in der Stadt zuletzt betreut wurden, berechnete Hoffmann den Bedarf für die nächsten Jahre auf zunächst 154, später 200 Betten. Zuzüglich der veranschlagten 48 Angestellten – vom Wärter bis zum leitenden Arzt, von der Küchenmagd bis zum Maschinenheizer – , die angesichts der Lage der Anstalt mehrere Kilometer außerhalb der Stadt ja ebenfalls auf dem Affensteinfeld beherbergt werden mußten, ergab sich ein Raumbedarf für etwa 250 Personen. Dem Vorwurf der Platzverschwendung durch die weitgehend einstöckige Bauweise begegnete Hoffmann mit dem Verweis auf die besonderen Bedürfnisse von Kranken und Irren: *„Selbst ein Laie hätte es tadeln müssen, wenn wir Epileptische in einem ersten Stocke hätten wohnen lassen, oder wenn wir Tobsüchtige in mehreren Stockwerken über einander geschichtet hätten."*[152] Auch die Besichtigungen der Anstalten des In- und Auslandes brachte er im Zusammenhang mit der umstrittenen Kapazität des Neubaus ins Spiel. *„In Bezug auf die Zahl der Einzelzimmer hielt ich die Mitte zwischen dem englischen und französischen Systeme."* Auf andere Beispiele von Anstaltsneubauten unter anderem in Hamburg, Braunschweig, Hannover, Kurhessen, Hessen-Darmstadt anspielend, fährt Hoffmann fort: *„Es hat sich dabei herausgestellt, daß fast alle neue Irrenanstalten zu klein angelegt waren."* [153] Auch sei, so Hoffmann weiter, *„eine gute Irrenanstalt ... wenigstes dreimal so groß, als ein für die gleiche Anzahl von Kranken berechnetes gewöhnliches Krankenhaus. ... In einem gewöhnlichen Krankenhause wird der Kranke in seinem Bette verpflegt, genest darin, wird entlassen oder stirbt darin. In einer Irrenanstalt müssen wir für die Kranken eine Schlafstätte, dann Wohn- und Speisezimmer und drittens noch Arbeitsräume haben."*[154] Ein wesentliches Augenmerk Hoffmanns lag auf der Verwirklichung seiner umfassenden Pläne für die zukünftige Arbeitstherapie der Kranken; vor allem auf der Gartenarbeit der einzelnen Krankheitsgruppen, der die architektonische Anlageplanung Rechnung zu tragen hatte. *„Endlich gebietet die Nothwendigkeit, an die Wohnräume jeder Abtheilung einen abgesonderten Garten der Art anzulehnen, daß er angenehm, bequem und ohne Gefahr des Fluchtversuchs besucht werden kann, und dies verlangt ausgedehnte Baulinien. ...Wir werden solcher Krankengärten 12 an unserer Anstalt haben."* [155]

Die Vielzahl der Einzelabteilungen des Neubaus erklärt nicht nur die Aufteilung der Patienten nach Geschlecht und Krankheitsbild in jeweils männliche und weibliche Ruhige, Unruhige, Blödsinnig-paralytische, Tobsüchtige und Epileptische, sondern trug auch der Anforderung zur dreiklassigen Unterscheidung in Abkömmlinge von wohlhabenden und gebildeten Familien, in weniger Wohlhabende und in Unbemittelte Rechnung.[156] Hinsichtlich der Ausstattung der Anstalt und ihres Baustils begegneten sich das Interesse Hoffmanns an einer den individuellen Anforderungen der Patienten entsprechenden und zugleich humanitären Zielsetzungen gerecht werdenden Ausgestaltung mit dem Ehrgeiz des Architekten, das äußere Erscheinungsbild der Anstalt dem für Frankfurt typischen Baubild anzunähern: „Daß wir in der Nähe einer großen und reichen Stadt hinsichtlich der architektonischen Durchbildung mehr Ansprüche zu befriedigen haben, liegt sehr nahe."[157] Hoffmann konterte Angriffe, die sich gegen den Baustil der Anstalt richteten, indem er die Argumente Pichlers aufnahm: *„Nur das weiß ich, daß diejenigen, die jetzt auch hierüber ein Tadelwort bereit haben, die Ersten wären, über nüchterne Leerheit und Verunzierung der Stadt zu schimpfen, wäre der Bau prosaisch glatt gehalten. Wer kann es Allen recht machen!"* [158] Zur Absicherung der Anstalt nach außen vermochte Pichler an Studien Hoffmanns anzuschließen, die dieser schon 1857 in einem Aufsatz *„Über Schutz und Verschluss der Fenster in Irrenanstalten"* in der „Allgemeinen Zeitschrift für Psychiatrie und psychisch-gerichtliche Medizin" veröffentlicht hatte.[159] Neben der Erläuterung technischer Details über die Verschlußvorrichtungen der von ihm 1856 bereisten Anstalten formulierte Hoffmann in diesem Aufsatz auch sein Vermächtnis bezüglich der Verwahrung der Kranken: *„Bei allen Einrichtungen in Irrenanstalten muß es Gesetz sein, solche zu wählen, welche bei möglichster Zweckmäßigkeit die mildesten sind, am wenigsten das Zartgefühl der Kranken verletzen, am wenigsten den Eingeschlossenen an das Gefängnis erinnern, ihn am schnellsten oder doch wenigstens soweit als möglich den Verlust der Freiheit vergessen machen."*[160] Zwar entband dieses Hoffmannsche Programm den Architekten nicht von der Notwendigkeit, nahezu alle Fenster zu vergittern, doch war er bemüht, bei dieser Sicherheitsmaßnahme Festigkeit und Schönheit in Übereinstimmung zu bringen. Gleichen Anforderungen sah sich Pichler bei der Gestaltung der Zellen- und Zimmertüren sowie der Absicherung der Außenanlagen gegenüber.

Von wegweisender Bedeutung waren die Maßnahmen, die Arzt und Architekt bezüglich des Belüftungs- und Heizungssystems sowie der sanitären Anlagen ergriffen. In diesen Fragen profitierte Hoffmann gewiß von dem Erfahrungsschatz und Ideenreichtum seines Freundes Johann Georg Varrentrapp, der etwa zeitgleich mit dem Bau der Anstalt auf dem Affenstein unter erheblichem persönlichen Einsatz die Einführung der Schwemmkanalisation in der Stadt betrieb.[161] Deren erste Voraussetzung war die flächendeckende Einführung von Wasserklosetts in den Haushalten, die nun auch Pichler in seinen Plänen für die Entsorgung der Notdurft der Kranken vorsah: „Die Abtritte bei den ruhigen Kranken sind water-

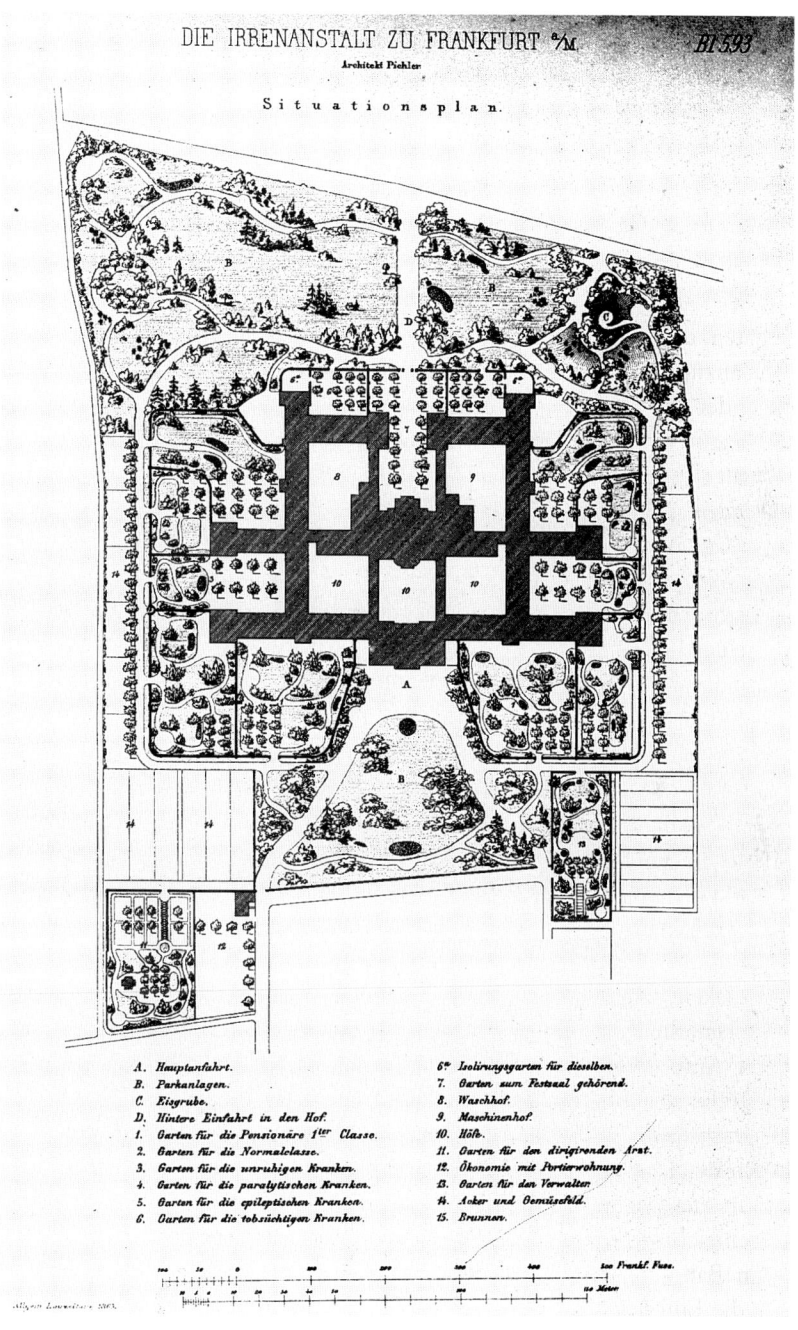

Architekt Pichler

Situationsplan.

A. Hauptanfahrt.
B. Parkanlagen.
C. Eisgrube.
D. Hintere Einfahrt in den Hof.
1. Garten für die Pensionäre 1ter Classe.
2. Garten für die Normalclasse.
3. Garten für die unruhigen Kranken.
4. Garten für die paralytischen Kranken.
5. Garten für die epileptischen Kranken.
6. Garten für die tobsüchtigen Kranken.

6ᵃ Isolirungsgarten für dieselben.
7. Garten zum Festsaal gehörend.
8. Waschhof.
9. Maschinenhof.
10. Höfe.
11. Garten für den dirigirenden Arzt.
12. Ökonomie mit Portierwohnung.
13. Garten für den Verwalter.
14. Acker und Gemüsefeld.
15. Brunnen.

Situationsplan der neuen Anstalt für Irre und Epileptische. Lithographie aus der von Oskar Pichler verfaßten Darstellung: „Das neue Irrenhaus zu Frankfurt am Main", Wien 1863.

67

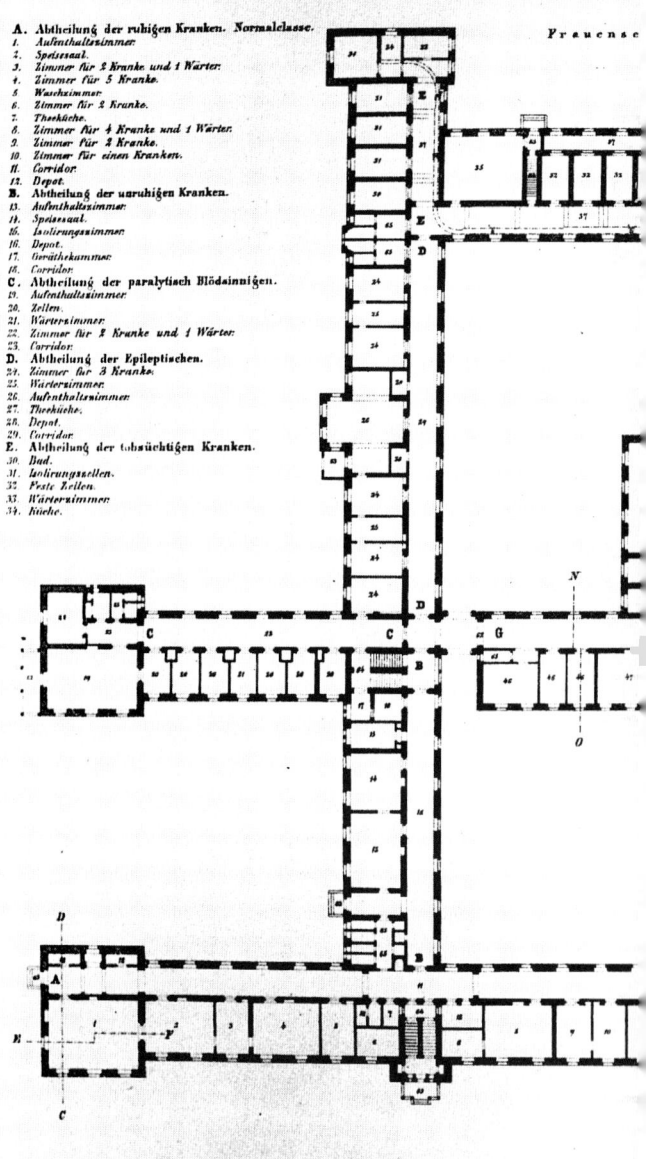

Grundriß des in Frauen- und Männerseite halbierten Erdgeschosses der neuen Anstalt für Irre und Epileptische. Lithographie 1863.

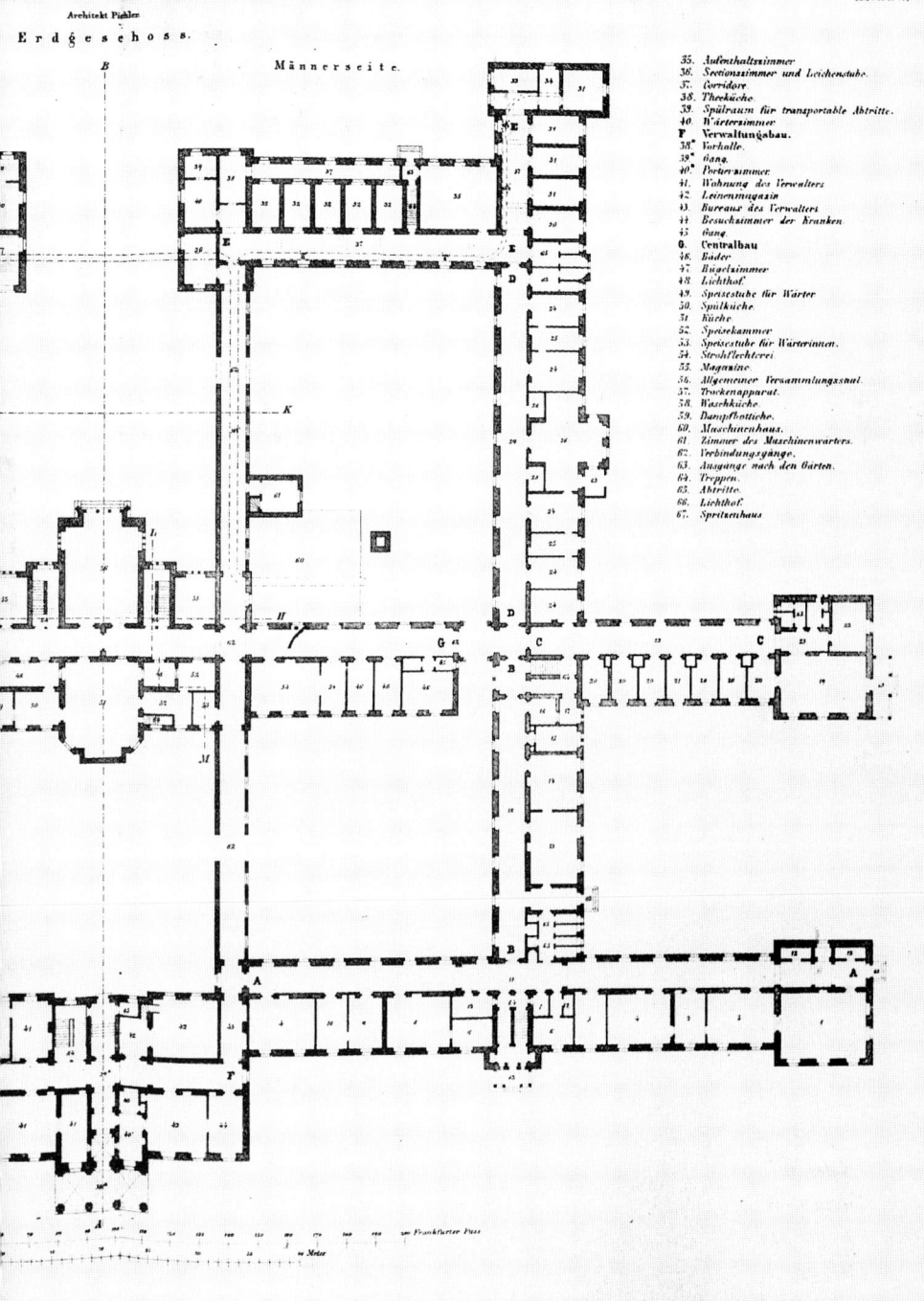

Architekt Pichler

Erdgeschoss.

Männerseite.

35. Aufenthaltszimmer
36. Sectionszimmer und Leichenstube.
37. Corridore
38. Theeküche
39. Spülraum für transportable Abtritte.
40. Wärterzimmer
F. Verwaltungsbau.
38ª Vorhalle.
39ª Gang.
40ª Portierzimmer
41. Wohnung des Verwalters
42. Leinenmagazin
43. Bureaux des Verwalters
44. Besuchzimmer der Kranken
45. Gang
G. Centralbau
46. Bäder
47. Bügelzimmer
48. Lichthof
49. Speisestube für Wärter
50. Spülküche
52. Speisekammer
53. Speisestube für Wärterinnen.
54. Strohflechterei
55. Magazine
56. Allgemeiner Versammlungssaal.
57. Trockenapparat.
58. Waschküche
59. Dampfkochküche
60. Maschinenhaus.
61. Zimmer des Maschinenwarters.
62. Verbindungsgänge.
63. Ausgänge nach den Garten.
64. Treppen.
65. Abtritte.
66. Lichthof.
67. Spritzenhaus

Frankfurter Fuss

Meter

69

closets, theilweise aber auch nur trichterförmige Aufnahmsbecken mit Wasserabschluß. Ich darf hierbei George Jennings patent valocloset and trap empfehlen. Die Vorzüge dieses Apparates bestehen hauptsächlich darin, ... daß die Absperrung nach dem Abfallrohr durch einen Wasserverschluß hergestellt ist, wodurch es geradezu unmöglich wird, daß Geruch aus dem Rohre durch die Muschel entweichen kann.“[162] Damit war für die sanitären Anlagen der Irrenanstalt eine Lösung angepeilt, die in Privathaushalten erst Jahre später zum Standard zählen sollte.

Der 1859 begonnene Bau der Anstalt machte schnelle Fortschritte, so daß bereits im Oktober 1861 die Grund- und Schlußsteinlegung gefeiert wurde. In seiner kurzen Ansprache aus Anlaß der Versenkung des Grundsteins der Anstalt unter der Eingangsschwelle versetzte Hoffmann sich und damit alle Gäste der Feier in die Situation des Kranken, der zukünftig diese Schwelle bei Einweisung in die Anstalt zu passieren hätte: *„Nicht ohne Bedeutung ist es, daß man gerade diese Stelle für des Hauses Grundstein gewählt hat, die Schwelle des Hauses. Die Schwelle des Hauses ist die*

Die neue Anstalt für Irre und Epileptische in Frankfurt am Main. Fotografie von Carl Friedrich Mylius um 1864.

Gränze zweier Reiche, hier begegnen sich zwei Geister, beide oft feindlich, beide doch eng miteinander verwandt und keiner lebensfähig ohne den anderen: in dem Hause der Geist der Familie, der stillschaffenden Liebe ..., draußen der Geist des Strebens, der rastlosen Arbeit mit ihren Erfolgen und ihrem Mißlingen. ... Und gerade auf diejenigen, die hilfesuchend in trostloser Trauer oder in schrankenloser Aufregung hier eintreten, gerade auf sie mag es noch besondere Anwendung finden; sind es doch zum großen Theil solche, die im Strom des Lebens fortgerissen, wie hilflos Schiffbrüchige hier strandeten, oder denen das eigene Haus nicht den stillen Frieden des schützenden Hafens bot. Wir nun sollen ihnen zu geben suchen, was dort ihnen versagt war. ... Ersetzen läßt sich der Segen des Familienlebens nicht, aber vieles läßt sich hier thun, was ihm nahe kommt, was tröstet und aufrichtet, stärkt und beruhigt. Hier muß ein Familienleben anderer Art beginnen. ... Und so soll es denn der Geist der sorgenden Liebe und der tröstenden Milde sein, der die Hilfesuchenden hier begrüßt, freilich nicht bloß einer Liebe, die sich mit schein-frommen Worten begnügt und schwächlich überall nachgibt, sondern einer in frischer und freudiger Thatkraft wirkenden Liebe, die das rechte Maß zu finden weiß für Arbeit und Ruhe, für Zerstreuung und Sammlung, für Ernst und Freude, einer Liebe, die im Lichte der Wissenschaft ihre Pfade wandelt.“ [163]

Im April 1863 war der Neubau so weit gediehen, daß Hoffmann mit seiner Familie die neue Dienstwohnung beziehen konnte, um nun vor Ort den Innenausbau und die Möblierung der Anstalt zu betreiben. Auch in diesem Stadium war er bemüht, die Frankfurter Einwohnerschaft eng in den Werdegang des Bau- und Einrichtungsfortschrittes einzubinden. Zu diesem Zweck veranstaltete er zu Beginn des Jahres 1864 zwei „Tage der offenen Tür", an denen die Frankfurter die Möglichkeit hatten, die noch nicht bezogene Anstalt zu besichtigen. Nach Hoffmanns Schilderung nahm die Bevölkerung das Angebot dankbar an: *„Es gab ein zwei Tage dauerndes Gedränge durch die Männerseite und die Haushaltsräume; wir mußten dies als Anerkennung der allseitigen Opferwilligkeit gestatten und hatten dabei auch den Zweck im Auge, daß alle übertriebenen Schreckensvorstellungen von solchen Irrenhäusern beruhigt werden könnten."* [164] Ein Aufruf an die Frankfurter, zur Ausgestaltung der Flure und Zimmer, und um dem Bau *„das Kasernenartige zu nehmen"*, Bilder zu stiften, stieß auf lebhafte Resonanz. *„Die Bitte wurde reichlich erhört, ich erhielt über 300 Stück. ...Es waren darunter selbst wertvolle Sachen. ... Ich selbst errichtete mir eine Art Werkstätte im 2. Stock, schnitt Pappdeckel, paßte Bilder in Rahmen, pappte und nagelte wochenlang und hatte meine Freude an dem gelungenen Werk."* [165] Schließlich, im Mai 1864, war es soweit: *„Nachdem alles fix und fertig war, und wir sogar noch ein paar, freilich nicht mehr ganz neue Klaviere zusammengebettet hatten, wurde im Mai 1864 die Anstalt von den Kranken ... bezogen. Und damit war die Hauptarbeit meines Lebens beendet, und für mich begann eine lange Reihe ruhiger Jahre voll gleichmäßiger innerer Arbeitstätigkeit."* [166]

Heinrich Hoffmann als Leiter der Frankfurter Anstalt für Irre und Epileptische

„So spreche auch ich vorzugsweise als Arzt einer Irrenanstalt, und als solcher meinte ich von je, der Eintritt des Arztes in eine Krankenabtheilung müsse etwas vom Sonnenaufgang an sich tragen, er müsse Licht und Wärme verbreiten; und so sollte es in jeder Krankenstube sein.“[167]

Der Bezug der neuen Anstalt am Affenstein bildete eine Zäsur im Leben Heinrich Hoffmanns. Er hatte mit diesem Höhepunkt seines beruflichen Wirkens zugleich den Zenit seiner Aktivitäten erreicht. 55jährig erlebte er nunmehr erstmals auch wirtschaftliche Sicherheit: *„Mein Gehalt wurde auf 2.400 Gulden festgesetzt. Auch dabei hatte ich allerlei Erfahrungen. Das Pflegamt wollte diese Summe verlangen. Ich aber, um ja nicht den Verdacht aufkommen zu lassen, als sei es mir überhaupt schließlich um finanzielle Verbesserung zu tun gewesen, wollte nur 2.000 Gulden verlangen. Aber das Pflegamt blieb bei seiner Ansicht. ... Damit war meine Existenz einigermaßen anständig gesichert.“*[168] In einem Brief an seinen Freund Krahmer in Halle erwähnte er diesen Wandel der Einkommensverhältnisse mit den Worten: *„Meine pecuniäre Lage ist nicht glänzend, aber doch gesichert, auch für meine Frau nach meinem Tode.“*[169] Plötzlich tat sich mit Erreichen seines Lebensziels vor Hoffmann eine eigentümliche Leere auf. *„So ist das Alles fast schön, und wahr! Und doch – doch habe ich soviele finstere, unzufriedene Stunden, jetzt weniger als sonst, wo mir das alles nicht genügt, wo ich recht verstimmt und müde bin. Und warum? Weil meine Aufgabe gelöst ist, weil ich keine Natur bin ruhig zu genießen, und weil ich nur dann recht froh bin, wenn ich etwas neues aufgreifen, vorbereiten, und durchsetzen könnte, dazu ist aber keine Zeit mehr für mich, das muß ich jüngeren und rüstigeren Kräften überlassen.“*[170]

In demselben Brief an den Studienfreund berichtete Hoffmann über sein Tagewerk als Anstaltsleiter. Studien, die von 8 Uhr bis 9 Uhr andauern; bis 9.30 Uhr Berichte der einzelnen Krankenabteilungen; bis 12 Uhr dann die Krankenvisite und schließlich bis 13 Uhr einzelne Konsultationen oder Krankenbesuche. Dem Mittagessen schloß sich von 14 bis 15 Uhr Klavierunterricht an, es folgten bis 17 Uhr Lektüre oder Korrespondenz. Ab 17 Uhr dann der tägliche Ausflug in die Stadt, zu den Freunden im Bürgerverein, von wo er erst gegen 19 Uhr zurückkehrte, um den Abend im Familienkreis bis 23 Uhr zu verbringen: *„So hast Du eine Photographie eines meiner Lebenstage, und fast aller meiner Lebenstage“*,[171] schrieb er ein wenig resigniert nach Halle. Seit September 1864 konnte Hoffmann im Tagesbetrieb auf die Unterstützung seines Assistenzarztes August Lotz bauen, mit dem er in den folgenden 24 Jahren gemeinsam die Anstalt leitete.

Beobachtungen

und

Erfahrungen

über

Seelenstörung und Epilepsie

in der

Irren-Anstalt zu Frankfurt a. M.

(1851 bis 1858)

von

Dr. Heinrich Hoffmann.

———— ❦ ————

Frankfurt a. M.
Literarische Anstalt.
(J. Rütten.)
1859.

Titelblatt des Hauptwerks Heinrich Hoffmanns auf dem Gebiet der Irrenheilkunde.

Über die ärztliche Tätigkeit, insbesondere über seine Forschungsarbeiten aus jenen Jahren in der neu eröffneten Anstalt drang wenig nach außen. Sein Hauptwerk auf dem Gebiet der Irrenfürsorge stellt der Erfahrungsbericht über die ersten Jahre als Irrenarzt dar, den er unter dem Titel „Beobachtungen und Erfahrungen über Seelenstörung und Epilepsie in der Irren-Anstalt zu Frankfurt am Main 1851 bis 1858" schon 1859 veröffentlicht hatte.[172] Hoffmann bekennt sich in diesem Erfahrungsbericht eindeutig als „Somatiker", der, im Gegensatz zu den „Psychikern", die Ursache der als Seelenstörung bezeichneten Geisteskrankheit in körperlichen Gebrechen sucht und zu heilen trachtet: *„In der Darstellung ... habe ich mich streng nur an dasjenige gehalten, was ich an meinen Kranken gesehen habe, oder höchstens an das, was ich in ihnen zu sehen glaubte. ... Ich habe mich ferner auf dem Wege, den ich zurückzulegen hatte, möglichst aller psychologischen Seitenpromenaden enthalten, Ausflüge, die oft wohl ganz annehmlich sind dem, der sie freiwillig macht, meist sehr nutzlos und langweilig aber dem, der sie mitmachen muß. Es ist so leicht, in psychologischen Paraphrasen Bogen vollzuschreiben, und so schwer, auch nur eine Zeile kondensierter*

74

Wahrheit zu sagen; ich bin aber zu ehrlich und zu bescheiden, um den koketten Faltenwurf der Floskel über das dürre Knochengerüst der Wissensarmut schlagen zu wollen." Diese programmatischen Aussagen ergänzend fährt er fort: *„Nur einige wenige Worte müssen mir erlaubt sein, um den Leser darüber ins klare zu setzen, woran er mit mir ist. Ich teile die Ansicht von der dualistischen Natur des Menschen. In einem sterblichen Leibe lebt und wirkt eine unsterbliche Seele. ... Wenn nun diese Seele ein Unsterbliches ist, so schließt sich dadurch für sie die Möglichkeit der Erkrankung aus, denn was erkranken kann, wird auch sterben müssen, und Krankheit und Tod sind nur graduelle Unterschiede organischer Veränderungen derselben Art."* [173]

Hoffmann liefert mit den „Beobachtungen und Erfahrungen" zwar kein theoretisches Lehrbuch, dennoch gelingt es ihm, neben statistischen Zusammenstellungen über die Krankenbewegungen an der Frankfurter Anstalt aus der Sicht des Praktikers eine brauchbare Gliederung der Anstaltspatienten nach ihren äußeren Krankheitsbildern vorzulegen und auf lebendige Weise einen Einblick in die damals aktuellen Behandlungsmethoden zu geben. Nach seiner Unterteilung gliederten sich die Krankheitsformen in Melancholie, Manie, partielle Verrücktheit, allgemeine Verwirrtheit sowie in drei Abstufungen des Blödsinns, den terminalen, den symptomatischen und den angeborenen. Im weiteren Verlauf des Erfahrungsberichts gewähren die geschilderten Fallbeispiele Einblick in den Alltag des Arztes und des übrigen Personals der Anstalt. Der fundierte und ausführliche Rapport über seine bis dahin siebenjährige Tätigkeit als Irrenarzt festigt das Bild von Heinrich Hoffmann als einem Arzt, für den der einzelne Patient, das Individuum, im Mittelpunkt der Beobachtung und Behandlung stand. Die Vielzahl der Schicksale gewinnt durch die Lebendigkeit der Hoffmannschen Schilderung an Kontur. Ohne auf das Mittel der Statistik zu verzichten, rückt Hoffmann über die nackten Zahlen hinaus immer wieder den Einzelfall in den Vordergrund. So sehr Weichbrodt in seiner Einschätzung Hoffmanns als Psychiater zuzustimmen ist, wenn er schreibt: „Gewiß, Heinrich Hoffmann gehört nicht zu den Klassikern der Psychiatrie",[174] so bilden die „Beobachtungen und Erfahrungen" dennoch eine ergiebige Quelle zur psychiatrischen Praxis in der zweiten Hälfte des 19. Jahrhunderts. Karl Friedrich Flemming faßte in einer Rezension von Hoffmanns Buch diesen Eindruck mit den Worten zusammen: „Beim Lesen dieser Schrift fühlt man sich, sobald man über den statistischen Teil hinaus ist, gleichsam gebannt und fortgezogen, wie bei der Wanderung durch einen schönen Park. Man wird nicht durch pedantische wissenschaftliche Strenge in Verdrossenheit gesetzt, durch Übermaß von Ordnung und Regel nicht ermüdet; doch gelangt man oft an Stellen, die zum Verweilen und zu sinniger Betrachtung einladen."[175] Hoffmann bekennt sich dazu, abgesehen von den jährlichen Berichten über das Medizinalwesen keine weiteren Arbeiten zur Irrenfürsorge vorgelegt zu haben: *„Über die Art und Weise, wie ich die Kranken beurteilte und behandelte, habe ich im Jahre 1859 in einer eigenen Schrift mich ausgesprochen. ... Ich kann heute nur sagen,* *daß ich im wesentlichen den dort entwickelten Ansichten und Grundsätzen treu geblieben bin.*" [176]

Tätigkeitsberichte, die seit 1858 auf Betreiben des Ärztlichen Vereins unter dem Titel „Jahresberichte über die Verwaltung des Medicinalwesens, die Krankenanstalten und die öffentlichen Gesundheitsverhältnisse der freien Stadt Frankfurt" [177] erschienen, boten Hoffmann ein Forum, seine Erfahrungen und Vorstellungen auf dem Gebiet der Irrenfürsorge zu präsentieren. Anhand statistischen Materials und einer Fülle von Fallbeispielen, die den Zustand der Irrenfürsorge in Frankfurt veranschaulichen, schildert Hoffmann den Alltag und die Praxis der Irrenanstalt. Die „Beobachtungen und Erfahrungen über Seelenstörung und Epilepsie" sowie die Tätigkeitsberichte in den „Jahresberichten" als Einheit betrachtet, ergeben einen umfassenden Überblick über das 36jährige Wirken Hoffmanns als Irrenarzt.

Hoffmann gibt Tricks und Kniffe preis, mit denen der Arzt ohne Ausübung von Zwangsmaßnahmen versucht, die Patienten zu bestimmten Handlungen zu bewegen. Das Verbot gegenüber einer renitenten Patientin, sich zu waschen, oder die Prophezeiung, daß es ihr nicht gelingen werde, die Zunge herauszustrecken, um genau die in Negation gestellten Handlungen zu erreichen, sind Beispiele harmloserer Art. Bei einem Patienten, der die Nahrungsaufnahme verweigerte, genügte es nach kurzer Zeit, daß ihm Hoffmann die Klestiersprize – unter deren Anwendug die künstliche Ernährung durchgeführt wurde – neben das Mittagessen legte, um ihn zum freiwilligen Essen zu ermuntern. [178] Einer Kranken, die Hoffmann als Simulantin zu erkennen glaubte, eröffnete er konspirativ eine Fluchtmöglichkeit. Da die Patientin jedoch nicht Reißaus nahm, sah sich Hoffmann in seinem Urteil bestätigt, daß es ihr nur um den Genuß der Annehmlichkeiten in der Irrenanstalt gegenüber den Zuständen im Gefängnis ging. [179] Von dem Krankheitsbild und seinen Erscheinungsformen nachgerade fasziniert, beschreibt Hoffmann das Verhalten eines an Megalomanie – also an Größenwahn – erkrankten Mannes: *„Von dem Wechsel des Vorstellungskreises und dem gänzlichen Umschlag des Selbstwertgefühls hatte ich ein bemerkenswerthes Beispiel bei einem Manne, der mir als einer der ausgesuchtesten Fälle der Krankheit zugekommen war.*" Wenn Hoffmann schildert, daß dieser Patient zum Beispiel für den Bau der neuen Anstalt vier Millionen Gulden spenden wollte, so deutet dies darauf hin, daß zwischen Arzt und Patient ein reger Erfahrungsaustausch stattgefunden haben mußte. Über einen Dialog berichtet Hoffmann das Folgende: *„Alles in ungeheure Dimensionen und Zahlen zu vergrößern geht in das Abentheuerlichste, und dabei beseitigt er selbst alle Schwierigkeiten mit unbekümmertester Leichtigkeit, so behauptete er, gestern in einer Stunde 100.000 Millionen Kinder bekommen zu haben; auf meine Bemerkung, das wäre ja eine ungeheure Sorge für ihn, sagte er sogleich, die seien alle schon verheiratet. Noch toller war eine Jagdparthie, zu der er mich einlud, und auf der er 100.000 Elephanten und eben so viele Tiger erlegen werde. Als ich ihm das Vergnügen als zu gefährlich für mich darstellte, war er gleich mit der Bemerkung* *bei der Hand: 'Ei, was! da ist keine Gefahr dabei! die Thiere kommen eigens daher und wollen todt geschossen sein; auch erhält jeder von uns ein dickes eisernes Hemd, damit ja kein Unglück geschieht.'*"[180] Fast ist anzunehmen, daß Hoffmann mit in der Kartenrunde saß, aus der er berichtet: „*Auffallend war es, daß er mitten in diesen Zuständen ganz richtig und mit Aufmerksamkeit Karten spielte, nur behauptete er schließlich jedesmal, er habe gewonnen, ja Millionen Parthieen bereits von seinem Gegner gewonnen.*" Das Krankheitsbild dieses Patienten stabilisierte sich so erfolgreich, daß er trotz eingeschränkter Intelligenz zu seiner Familie zurückkehren konnte. Ein glücklicheres Ergebnis dieser Krankengeschichte konnte sich auch Hoffmann nicht wünschen, dem der Patient beim Abschied versicherte: „Zu Ihnen, Doctor, habe ich wohl Vertrauen, aber zu mir nicht!"[181]

Ein tragisches Ende nahm der Fall eines an „terminalem Blödsinn" leidenden Feldwebels, der binnen weniger Monate nach der Einweisung in die Anstalt im Alter von 36 Jahren verstarb. Alle Anwendungen, wie zum Beispiel Sturzbäder oder künstliche Ernährung, halfen nichts gegen das Fortschreiten der Erkrankung. „*Und am 12. Oktober (1856) fand ich ihn nur noch oberflächlich und selten athmend mit freundlichem Ausdrucke daliegend; um 31/4 Uhr Nachmittags starb er.*"[182] Bei Todesfällen kam Hoffmann seine langjährige Erfahrung als Anatom zugute. Alle Todesfälle in der Anstalt wurden von ihm seziert und die Ergebnisse der Sektionen ausführlich beschrieben. Die Protokolle berichten immer wieder auch von den Irrtümern, denen er in seinen Erwartungen über mögliche Abnormalitäten der Organe unterlag. Die Ergebnisse der Sektionen suchte Hoffmann zu systematisieren, wohl wissend, daß die geringe Anzahl von Fällen eine Verallgemeinerung erschwerte: „*Also auch an dieser kleinen Anzahl zeigt sich, wie entschieden überwiegend bei Seelenstörungen der Tod von den Nervencentren ausgeht.*"[183] Allgemeine Rückschlüsse, die sich für ihn aus den Sektionen ergaben, faßte er in abschließenden pathologisch-anatomischen Bemerkungen der „Jahresberichte" zusammen. Ein Beispiel aus dem Jahr 1858: „*Bei den an Megalomanie mit fortschreitender Paralyse gestorbenen Kranken fanden sich wieder die fast immer constanten Befunde: Atrophie der Gehirnsubstanz und die Corticaladhaesionen in Folge chronischer Periencephalitis. Hyperostose der Schädelknochen fand sich namentlich in der Gegend der Tubera der Stirn- und Scheitelbeine bei längerer Dauer des Blödsinns; in den beiden rascher verlaufenden Fällen hatten die Knochen ihr normales Volumen nicht geändert.*"[184] 1861 verfügte Hoffmann über einen Erfahrungsschatz aus 110 Sektionen seit seinem Amtsantritt 1851.[185]

Gerade Berichte über an Epilepsie leidende Patienten erinnern an das schwere Schicksal einzelner Krankheitsgeschichten. Zwei im Jahr 1858 verstorbene Epileptiker hatten zwanzig beziehungsweise 28 Jahre in der Anstalt verbracht. Waren diese beiden Patienten auch schon einige Jahre frei von epileptischen Anfällen, so hatten sie dennoch ob ihrer langen Verweildauer in der Anstalt keine Chance mehr, in der Gesellschaft außerhalb des Irrenhauses Fuß zu fassen. Die

Verwaltungs-Ordnung der Anstalt für Irre und Epileptische.

Organe der Verwaltung.

Art. 1. Die Leitung der städtischen Anstalt für Irre und Epileptische ist einem aus fünf Mitgliedern bestehenden Pflege= amte übertragen, unter welchen stets einer der hiesigen aus= übenden, weder im Staats= noch Communaldienste stehenden, Aerzte sich befinden soll. Die technische Leitung der Anstalt ist dem Arzte derselben, welcher in dem Anstaltsgebäude woh= nen muß und dem denselben vertretenden, gleichfalls in der Anstalt wohnenden Assistenzarzte nach Maßgabe der für Beide erlassenen Dienst=Instructionen, unter vorschriftsmäßiger Mit= wirkung des vorhandenen Beamten= und Dienstpersonals an= vertraut.

Das Pflegamt wählt aus seiner Mitte einen Senior.

Der Arzt der Anstalt, eventuell dessen Substitut, der Assistenz= arzt, hat an den Sitzungen des Pflegeamtes mit berathender Stimme theilzunehmen.

Zweck und Aufgabe der Anstalt.

Art. 2. Zweck der Anstalt ist die Aufnahme, Heilung und Verpflegung von Irren und Epileptischen beiderlei Geschlechts.

Aufnahmefähig sind:

1) Irre und Epileptische, welche der hiesigen Stadtgemeinde angehören, oder welche Angehörige der vormals Frankfurti= schen Landgemeinden Bonames, Niederursel Frankfurter Seits, Hausen, Niederrad und Oberrad, sind, Letztere jedoch nur insofern und insoweit, als die Ansprüche der Landgemeinden auf Mitbenutzung der hiesigen Stiftungen zu Recht bestehen;

2) im Stadtkreis anwesende Irre, welche ohne zu den sub. 1 Bezeichneten zu gehören, zu ihrer eigenen oder zur allgemeinen Sicherheit von der competenten hiesigen Polizei= behörde zu einstweiliger Aufnahme eingewiesen werden;

3) auswärtige Irre und Epileptische, welche von ihren Angehörigen oder Pflegern der Anstalt anvertraut werden.

Die Aufnahme von Kranken der zuletzt erwähnten Categorie ist aber nur insoweit zulässig, als der Raum der Anstalt dies mit Rücksicht darauf gestattet, daß die Möglichkeit, hiesige Kranke aufzunehmen, jederzeit gewahrt bleiben muß.

Betriebsmittel der Anstalt.

Art. 3. Die Mittel zu ihrer Unterhaltung schöpft die Anstalt:

1) aus den Erträgnissen ihres eigenen, sowie des ihren Zwecken gewidmeten, den hiesigen drei christlichen Gemeinden eigenthümlich gehörenden Capitalvermögens im Betrage von M. 310 601 86 Pf.

2) aus den Erträgnissen der mit der Anstalt verbundenen Oeconomie;

3) aus dem von den aufgenommenen Pfleglingen zu lei= stenden Kostenersatz;

4) aus den eingehenden, gemäß § 11 der Stiftungsord= nung zur Verwendung im laufenden Dienst gelangenden milden Gaben und Vermächtnissen.

Insoweit die Erfordernisse des Dienstes der Anstalt durch diese Einnahmen nicht gedeckt werden sollten, ist der benöthigte Zuschuß aus der Stadtkasse zu leisten, vorbehaltlich deren Rückgriffes auf die, pro rata der Anzahl der auf ihre Kranke entfallenden Verpflegungstage, ersatzpflichtigen Landgemeinden.

Kosten der Heilung und Verpflegung.

Art. 4. Die Verpflegung in der Anstalt erfolgt nur gegen Zahlung der erwachsenden, nach denjenigen tarifirten

Ansätzen zu bemessenden Verpflegungskosten, welche das Pfleg= amt mit Genehmigung der Behörde festzustellen hat.

Unentgeldliche Verpflegung findet nicht statt.

Besitzt der Aufzunehmende kein eigenes, zur Bestreitung der Verpflegungskosten ausreichendes Vermögen, oder werden diese Kosten nicht von dritten Personen freiwillig übernommen, so ist für dieselben derjenige Armenverband in Anspruch zu nehmen, welchem die Fürsorgepflicht nach Maßgabe des Reichsgesetzes über den Unterstützungswohnsitz vom 6. Juni 1870 obliegt.

Bei der Aufnahme, oder sobald möglich nach derselben ist, geeigneten Falles unter Mitwirkung der städtischen Polizei= Section, jedesmal die Person des Zahlungspflichtigen festzu= stellen und von demselben die bindende Erklärung seiner Be= reitwilligkeit zum Kostenersatz einzufordern. Bis zu deren Einlangen kann der Aufnahme Anstand gegeben werden.

Auswärtige Patienten (Art. 2 Nr. 3) haben, je nach Er= messen des Pflegeamtes bei der Aufnahme für die vollständige Berichtigung aller durch die Hierherbringung, Aufnahme und Verpflegung erwachsenden Kosten genügende Sicherheit zu leisten.

Aufnahme von Irren und zwar: a) hiesiger, bzw. im Stadtkreis befindlicher.

Art. 5. Die Aufnahme hiesiger, beziehungsweise im Stadtkreis befindlicher Irren erfolgt auf Grund einer schrift= lichen Einweisung Königlichen Polizei=Präsidiums. Sie kann aber auch auf alleinige Anordnung des Arztes der Anstalt eventuell seines Stellvertreters dann erfolgen, wenn derselbe die Aufnahme für unabweisbar erachtet.

In diesem letzteren Falle hat der Arzt alsbald längstens innerhalb 24 Stunden, Königlichem Polizei=Präsidium behufs weiterer Veranlassung von der erfolgten Aufnahme Kenntniß zu geben.

b) Von auswärts hierher verbrachten Irren.

Art. 6. Die Aufnahme der von auswärts hierher ver= brachten Irren wird von dem Arzte der Anstalt verfügt. Derselbe darf jedoch keine Aufnahme vornehmen, ohne daß ihm die Ermächtigung der zuständigen Heimathsbehörde des Kranken zur Verbringung desselben in die hiesige Anstalt zugestellt worden ist. Von der erfolgten Aufnahme hat der Arzt alsbald, längstens innerhalb 24 Stunden, unter Vor= lage der Ermächtigung der Heimathsbehörde, Königlichem Polizei=Präsidium sowie dem Pflegeamte Anzeige zu erstatten.

Entlassung aufgenommener Irren.

Art. 7. Die Entlassung eines Aufgenommenen kann in der Regel nur auf Anordnung derjenigen Behörde erfolgen, von welcher die Einweisung ausgegangen ist.

Ausnahmsweise aber kann, beziehungsweise soll die Ent= lassung von dem Arzte der Anstalt unter Zustimmung des hiesigen Gerichtsarztes verfügt werden, sobald sich herausstellt, daß die Aufnahme nicht gerechtfertigt war oder nicht ferner gerechtfertigt sein würde. Gleichzeitig mit der Entlassung ist von derselben Königlichem Polizei=Präsidium Nachricht zu geben.

Versuchsweise Entlassung.

Art. 8. Versuchsweise kann ein Aufgenommener zu dem Zweck entlassen werden, um zu ermitteln, ob der Kranke wirklich geheilt und demnach definitiv zu entlassen sei.

Heilanstalt wurde für sie zum Zufluchtsort. Hier starben sie schließlich 1858 an Krebs und an Lungentuberkulose, wie Hoffmann anhand der Sektionen feststellte. 1860 verstarb eine Epileptikerin nach 45jährigem Krankheitsverlauf.[186]

Im Jahresbericht von 1859 stellt Hoffmann einen Zusammenhang zwischen dem gesellschaftlichen Umfeld eines Kranken und den Heilungserwartungen her und kommt zu einem überraschenden Ergebnis: *„Manche leichte Fälle von*

Die versuchsweise Entlassung wird von dem Arzte der Anstalt verfügt. Von jeder derartigen Entlassung, wofern sie nur nicht auf ganz kurze Zeit erfolgt, ist Königlichem Polizei-Präsidium Kenntniß zu geben.

Der provisorisch Entlassene kann jederzeit auf Anordnung des Arztes oder auf Verfügung Königlichen Polizei-Präsidiums in die Anstalt zurückgebracht werden.

Aufnahme und Entlassung von Epileptischen.

Art. 9. Ueber die Aufnahme von geistesgesunden Epileptischen entscheidet das Pflegamt im Einvernehmen mit dem Arzte der Anstalt, welchem in besonderen Fällen das Recht der einstweiligen Aufnahme zusteht.

Die Entlassung der Aufgenommenen ist dem Arzte anheimgestellt.

Epileptische der bezeichneten Art unterliegen einer Beschränkung der persönlichen Freiheit nur insofern, als sie sich der bestehenden Hausordnung zu unterwerfen haben.

Bei Verwendung der vorhandenen Räumlichkeiten ist darauf Rücksicht zu nehmen, daß polizeilich einzuweisenden Kranken die Aufnahme jederzeit thunlichst gesichert ist.

Evidenthaltung des jederzeitigen Krankenbestandes.

Art. 10. Das Pflegamt hat über die in die Anstalt aufgenommenen Irren und Epileptischen ein fortlaufendes Register führen zu lassen, in welches einzutragen sind:

1) Name, Alter, Geschlecht, Religion, Stand, Heimath und Wohnort des Aufgenommenen;

2) der Tag der Aufnahme mit der Bemerkung, auf wessen Anordnung dieselbe erfolgt ist;

3) die Bezeichnung dessen, der für die Verpflegungskosten aufzukommen hat;

4) der Tag der versuchsweisen Entlassung;

5) der Tag der definitiven Entlassung oder der Todestag.

Beamte und Bedienstete der Anstalt.

Art. 11. Bezüglich der Anstellung der Beamten und Bediensteten der Anstalt, sowie der Feststellung ihrer Gehalte bewendet es bei den Bestimmungen in § 15 der Allgemeinen Stiftungsordnung.

Der Dienst der Angestellten wird durch spezielle Dienstordnungen und Instructionen geregelt.

Hausordnung, Seelsorge der Kranken.

Art. 12. Die Hausordnung wird von dem Pflegamte im Einverständniß mit dem Arzte der Anstalt festgesetzt. Sie ist eine alle Kranke bindende und darf die Verschiedenheit des religiösen Bekenntnisses bei der Verpflegung der in die Anstalt Aufgenommenen nicht berücksichtigen.

Für die Seelsorge der Kranken trifft das Pflegamt die geeigneten Anordnungen im Einvernehmen mit den städtischen und nach Benehmen mit den kirchlichen Behörden.

Rechnungsablage.

Art. 13. Nach Schluß des Jahres ist dem Magistrate specifizirte Rechnungsablage zu überreichen.

Vorschüsse aus der Rechneikasse.

Art. 14. Innerhalb des Rahmens des von den Behörden genehmigten Verwaltungs-Etats beziehungsweise der damit bewilligten Credite kann das Pflegamt zur Bedeckung der Betriebsbedürfnisse der Anstalt jederzeit Baarvorschüsse aus der Rechneikasse zu nachfolgender Verrechnung erhalten. Zur Bedeckung außerordentlicher Geldbedürfnisse ist dagegen jeweilig die Genehmigung der Behörden einzuholen.

Art. 15. Mit dem Tage ihrer Bekanntmachung tritt diese Verwaltungsordnung, deren Abänderung, Mehrung oder Minderung je nach Bedürfniß vorbehalten bleibt, an Stelle der bisherigen Verwaltungsordnung in Wirksamkeit.

Auf Anordnung Königlicher Regierung zu Wiesbaden bleiben jedoch die Artikel 17 bis 20 der Stiftungs- und Verwaltungs-Ordnung v. 22. September 1863, welche also lauten:

„Art. 17. Die in Gemäßheit der Art. 14, 15 und 16 erfolgten Aufnahmen sind nur provisorisch. Zur Erwirkung der definitiven Aufnahme hat das Polizei-Amt innerhalb 24 Stunden nach erfolgter Einweisung (Art. 14) oder nach empfangener Anzeige (Art. 15 und 16) das Physikat zur Berichterstattung über den Zustand des Kranken aufzufordern und den eingegangenen Bericht mit den erwachsenen Voracten alsbald dem Stadtgericht zweite Abtheilung vorzulegen, welches alsdann die definitive Aufnahme oder die Entlassung des provisorisch Aufgenommenen verfügt, oder die Fortdauer der provisorischen Aufnahme und weitere Berichterstattung des Physikats anordnet.

Der die definitive Aufnahme oder die Entlassung verfügende Beschluß wird sowohl dem Pflegamte der Irren-Anstalt als auch dem Polizei-Amte zugefertigt.

Art. 18. Die definitive Aufnahme kann nur durch Verfügung des Stadtgerichts, zweite Abtheilung, wieder aufgehoben werden. Die Entlassung eines provisorisch Aufgenommenen kann dagegen durch den Arzt der Anstalt unter Zustimmung eines Physikus und eine versuchsweise Entlassung eines definitiv Aufgenommenen durch den Arzt der Anstalt allein verfügt werden.

Art. 19. Die Entlassung eines provisorisch Aufgenommenen soll sofort verfügt werden, sobald sich herausstellt, daß die Aufnahme nicht gerechtfertigt war oder nicht ferner gerechtfertigt sein würde.

Dieselbe ist gleichzeitig mit der Entlassung dem Polizei-Amte anzuzeigen, welches die erwachsenen Acten dem Stadt-Gericht, zweite Abtheilung zur Kenntnißnahme vorzulegen hat.

Art. 20. Die versuchsweise Entlassung eines definitiv Aufgenommenen kann nur zum Behufe der Ermittelung, ob der zu Entlassende wirklich geheilt sei und demnach definitiv entlassen werden könne, stattfinden, und ist demgemäß dem Arzt der Anstalt überlassen.

Während dieser versuchsweisen Entlassung kann der so Entlassene, wenn der Arzt der Anstalt oder auf Grund eines physikatsärztlichen Zeugnisses das Polizei-Amt dies für erforderlich hält, jederzeit in die Anstalt zurückgebracht werden. Jede versuchsweise Entlassung ist, sobald sie auf längere Zeit erfolgt, durch den Arzt der Anstalt dem Polizei-Amte anzuzeigen.

Nach Ablauf von 12 Monaten, während welcher ein in die Irren-Anstalt Aufgenommener versuchsweise entlassen ist, ohne daß inzwischen eine Rückverbringung desselben stattgefunden hat, hat das Polizei-Amt die Acten nebst einem von demselben über den Entlassenen zu erhebenden Physikatsbericht dem Stadt-Gericht II vorzulegen, welches alsdann die definitive Entlassung verfügen oder weitere Berichterstattung des Physikats anordnen wird"

bis auf Weiteres in Geltung.

Frankfurt a. M., den 28. September 1877.

Gebr. Nöber, Frankfurt a. M

Melancholie heilen in kürzester Zeit, wenn sie durch Noth und Hunger entstanden. …So war uns ein Schuhmachergeselle gebracht worden, der sich verfolgt wähnte, in Aufregung gerathen war, in solcher Stimmung Streit bekommen hatte und dann verhaftet bald in die Irrenanstalt geführt wurde. … der Mann konnte nach 6 Tagen anscheinend ganz gesund entlassen werden, wobei sich die zufriedene heitere Stimmung noch besonders dadurch kund gab, dass er uns versicherte, er wolle es in ganz Thüringen, seiner Heimath, erzählen, wie freundlich er im

Frankfurter Irrenhause behandelt worden sei. Fälle ähnlicher schneller Wendung zum Guten sind nicht selten, und wie alles in der Welt seine zwei Seiten hat, so ist es auch hier mit der Armuth und Verlassenheit. Tritt eine ähnliche, Anfangs leichte Erkrankung bei wohlhabenden oder reichen Personen auf, denen eine zahlreiche Familie sorglich zur Seite steht, so wird zuerst alles Mögliche versucht, nur nicht das einzig Rechte; es wird verschrieben, gebadet, gereist, der Kranke in alle möglichen Zerstreuungen gestürzt; es wird ermahnt, Muth zugesprochen, heute wird auf den Rath einer milden Tante nachgegeben, morgen wird ihm nach der Ansicht eines strengeren Onkels entschieden Widerstand geleistet, heute soll er Holz spalten, morgen zerstreuende Lectüre treiben , heute lässt man ihn allein in der Stube, morgen führt ihn ein anderer Berather in ein Concert oder in das Theater. In allem diesem Thun und Taumeln wird aus dem leichten Fall ein schwerer, und endlich wird der Mann in eine Irrenanstalt gebracht, um daselbst Jahre lang bis zu einer mühevollen Genesung zu bleiben. Wie anders, wenn ein armer Teufel, so ein fast heimathloser Wanderbursche, in geistige Verwirrung geräth, wenigstens an Orten, wo für Aufnahme und Verpflegung die Mittel vorhanden sind! Wer will sich lange mit einem solchen herumplagen? Schnell, ohne viel Umstände, gleich am ersten Tage wird er der Anstalt übergeben; da wird nicht gewartet, bis er hierzu „überreif" ist, aber auch schon nach wenigen Tagen oder Wochen zieht er frei und gesund der Heimath zu. So hat auch die Armuth ihre schmale gute Seite." [187]

Die Verabreichung von Haschisch, Morphium oder Opium zur Beruhigung der Patienten zählte zu den durchaus üblichen Behandlungsmethoden. Verschiedene Formen von Bädern, mittels derer die Patienten in schockartige Zustände versetzt werden sollten, so das Sturzbad, Dauerbäder von mehreren Stunden, die Dusche mit Regenwasser, Eisaufschläge, Fußbäder fanden ebenfalls Anwendung.

Wesentlicher Bestandteil der Jahresberichte Hoffmanns waren natürlich statistische Angaben zur Krankenbewegung. Sie bildeten die Meßlatte für den Erfolg der angewendeten Behandlungsmethoden. Exemplarisch sei hierfür der Berichtszeitraum des Jahres 1859 gewählt: Für dieses Jahr kontrastierte Hoffmann einen Anfangsbestand von 100 Patienten gegenüber 96 am Ende des Jahres. Die Krankenbewegungen erklärte er mittels einer nüchternen Aufzählung: *„Im Verlaufe des Jahres 1859 fanden 40 Aufnahmen statt, so daß im Ganzen 140 Kranke in der Anstalt verpflegt wurden. Unter den 40 Aufnahmen waren 16 Männer, sämtlich Irre, und 24 Frauen, von denen 22 geisteskrank, eine epileptisch und zugleich geisteskrank und eine andere nur epileptisch war. ... Genesen sind 21 Geisteskranke (10 Männer und 11 Frauen) entlassen worden, oder 52,5 % der Neuaufgenommenen, ein gewiß zufällig ungemein hoher Procenttheil. ... Ungeheilt wurden 7 Geisteskranke entlassen (3 Männer und 4 Frauen). Sechs Personen darunter waren nicht Frankfurter, die in ihre Heimath beziehungsweise in dortige Anstalten geführt wurden; einen Kranken gaben wir wegen weitgreifenden Krebses des Pharynx an das Bürger-Hospital ab. Gestorben sind in diesem Jahre 15 Personen, nämlich 9 Irre (5 Männer und 4 Frauen) und 6 Epileptische (2 Männer und 4 Frauen), ein Verhältnis von 10,7 % der Gesamtzahl der Verpflegten."* [188] Einer der erwähnten, ver-

Heinrich Hoffmann.
Fotografie von Erwin
Hanfstaengl 1893.

meintlich geheilt Entlassenen beging zwei Tage nach dem Auszug aus der Anstalt in seinem Heimatort Selbstmord. Hoffmann zeigte sich von dem Vorfall nicht besonders überrascht. Er wertete den Suizid vielmehr als Hinweis auf die immanente Verbindung von Geistesstörung und Selbstmord.[189] Die Grenzen zwischen der Verfolgung von Wahnideen und versuchtem Selbstmord waren nicht immer eindeutig zu ziehen, wie der Fall eines an partieller Verrücktheit leidenden Mannes aus dem Jahr 1860 zeigt. Dieser sich in seinen Delirien als begnadeter Sänger und Dichter empfindende Kranke, der nebenbei gegen die Onanie predigte, stürzte eines Tages, nachdem er ein Eisengitter an einem Taubenschlag des zweiten Stockwerks der alten Anstalt herausgebrochen hatte, auf die Straße und verletzte sich erheblich an der Hüfte. Nicht Selbstmordabsichten waren es, die ihn getrieben hatten; vielmehr befand er sich in dem Wahn, Christus zu sein und fliegen zu können. [190]

Die Symptome, aufgrund derer Menschen von den Ordnungsbehörden nicht in Krankenhäuser oder Gefängnisse, sondern in die Irrenanstalt eingewiesen wurden, waren Selbstmordversuche, tätliche Angriffe auf andere Personen, für die Motive nicht erkennbar waren, Größenwahnsinn, unsittliche Lebensweise, hierbei neben der fortgeschrittenen Trunksucht vor allem auch Menschen mit sexuellen Verirrungen. Besonders häufig werden von Hoffmann religiöse Wahnvorstellungen, bisweilen gepaart mit „*geschlechtlicher Neigungsschwärmerei*",[191] angeführt, eines Verhältnisses, das er psychologisch „*nicht anders deuten kann, als dass hier das Gefühl des persönlichen Nichtausreichens, der Unvollständigkeit und Halbheit zu Grunde liegt, und daß dieses sich gleich krankhaft nach oben zu Gott, dem Vater und dem Erlöser, nach abwärts an die individuelle Ergänzung durch das männliche Geschlecht wendet; es ist eine pathologische, aber natürliche Verschmelzung der irdischen und himmlischen Liebe.*"[192] In den „Beobachtungen und Erfahrungen" beschäftigt sich Hoffmann in einem gesonderten Kapitel mit der „*mania religiosa*", indem er anhand einer Vielzahl von Fallbeispielen die Gefahren religiösen Wahns veranschaulicht. Für die Frankfurter Verhältnisse hat er dabei ein beruhigendes Urteil parat, wenn er unter Nennung von sieben an religiösem Wahn Erkrankten auf deren auswärtige Abstammung verweist und fragt: „*Ob dies nun daher kommen mag, daß die Bewohner unserer Stadt so eifrig nach den Gütern der Erde suchen, daß selbst im Erkranktsein diejenigen des Himmels nicht in den Vordergrund treten?*" [193] Aus dem Mund eines evangelischen Schneiders, der nach eigenen Aussagen durch Bibellesen verwirrt worden war, stammte die von Hoffmann als bedeutend erachtete Stellungnahme: „Ja, mein Herr Doktor, die Weisheit Gottes ist überall, in allem, auch in der Dummheit ist sie!"[194] Altersschwachsinn nach Hirnschlägen war ein weiteres Symptom, das die Einweisung in die Irrenanstalt bedingte – sehr zum Verdruß Hoffmanns wie des Pflegamtes. Denn diese Kranken waren in aller Regel ruhig, aber eben unreinlich und unbedingt pflegebedürftig. Im Jahresbericht 1861 klagt Hoffmann diesen Mißstand an: „*Die beiden in Folge des Marasmus in Schwachsinn verfallenen Kranken waren in einem Zustande, der sie eigentlich nicht zur Aufnahme in die Irrenanstalt gemacht hätte, sie waren beide ziemlich ruhig, aber nur unreinlich und viel Pflege erfordernd, so daß sie in ein Siechenhaus gehört hätten; da wir aber ein solches in Frankfurt immer noch nicht besitzen, so kommen solche Kranke zu meinen und des Physicats Leidwesen eben immer wieder in die Irrenanstalt. Mir ist es völlig unbegreiflich, daß man noch keine solche Anstalt hier gegründet hat, hier, wo es den Menschenfreunden und Wohlthätern oft recht eigentlich an einem Gegenstande fehlt, dem sie ihre Legate hinterlassen sollen. Wenn man die Sache energisch angriffe, müßte da bald geholfen sein.*" [195]

Das gesellschaftliche Wirken Heinrich Hoffmanns

Eine absonderliche Liebhaberei

> *„Meine schon vor der Verheiratung geübte absonder-*
> *liche Liebhaberei, allerlei Gesellschaften und Vereine*
> *zu gründen, fand auch in den nun folgenden Jahren*
> *wieder Betätigung.“*[196]

Heinrich Hoffmanns gesellschaftliches Wirken läßt sich tatsächlich annähernd, wenn auch nicht ausschließlich, in jener von ihm selbst als *„absonderliche Liebhaberei“* gepflegten Gründungstätigkeit ablesen. In seinem gesellig Wirken erkennen wir Hoffmann als einen begeisterungsfähigen „Mitmacher“ wie auch begeisternden und mitreißenden „Ideengeber“. Was zunächst beim ersten Betrachten als bloße Vereinsmeierei erscheinen mag, erschließt sich beim näheren Hinsehen nicht selten als gesellschaftliches und politisches Engagement. Dabei war er selbstkritisch genug, um Fehlentwicklungen der von ihm mitgestalteten Vereinigungen gegenzusteuern. Gewiß war die Wahrnehmung vielfältiger Funktionen in diesen geselligen Vereinigungen für Hoffmann, als in solchen Dingen eher unerfahrenem Arzt, eine Spielwiese zur Sammlung von Erfahrungen in organisatorischen Fragen.

Erstes Deutsches Sängerfest 1838

Das von Wilhelm Speyer, dem Freund und Logenbruder Hoffmanns, initiierte erste Deutsche Sängerfest im Juli 1838 bedeutete für die maßgeblich Beteiligten nicht nur ein künstlerisches Ereignis. Für die Organisatoren war das Sängerfest Ausdruck nationalen Empfindens: *„Es war ein mächtig ergreifender Anblick, das künstlerische Interesse ward Nebensache, aber das nationale trat mächtig an uns heran.“* [197] Hoffmann nutzte seine Funktion als einer der Festpoeten des Sängerfestes, um abends vor 1.300 Personen einen Toast auf die Pressefreiheit auszubringen. Desweiteren betätigte er sich in Vor- und Nachbereitung des Sängerfestes als Geldsammler für die Veranstaltung sowie für die Folgegründung einer Mozartstiftung.

„Blütenkolleg" – „Tutti Frutti" – „Katakomben"

Weitere Station seines geselligen Lebens war das „Blütenkolleg", eine lose Vereinigung von Ärzten und gleichaltrigen Freunden, aus dem Hoffmann später austrat. In diesem Kreis war auch Georg Christoph Binding, von dem Hoffmann Jahre später den entscheidenden Tip bezüglich des Testaments von Freiherr von Wiesenhütten erhielt.

Als Kontrastprogramm ist das „Dienstagskränzchen" zu erwähnen, zu dem sich auf Initiative Hoffmanns *„Gelehrte reiferen Alters und städtische Beamte"*[198] zusammenfanden, so unter anderem der Stadtarchivar Georg Ludwig Kriegk und Wilhelm Speyer. Eine Hoffmannsche Schöpfung ganz eigener Art war die *„Gesellschaft der Tutti Frutti und ihre Bäder im Ganges"* im Herbst 1840, eine Vereinigung von Gelehrten, Künstlern und Schriftstellern.[199] Hinter den eigentümlichen Decknamen der Mitglieder, wie „Dattel", „Betel", „Eichel", „Tollkirsche", oder „Zwiebel" verbargen sich Friedrich Maximilian Hessemer, Wilhelm Speyer, Heinrich Weismann, Theodor Creizenach und nicht zuletzt Heinrich Hoffmann. Was zunächst wie ein Ulk erscheint, entpuppt sich bei näherem Hinsehen als eine durchaus politische Veranstaltung, die allein aufgrund ihres humoristischen Anstrichs vor dem Beobachtungsdrang der Organe der Stadtregierung und der Bundesversammlung in

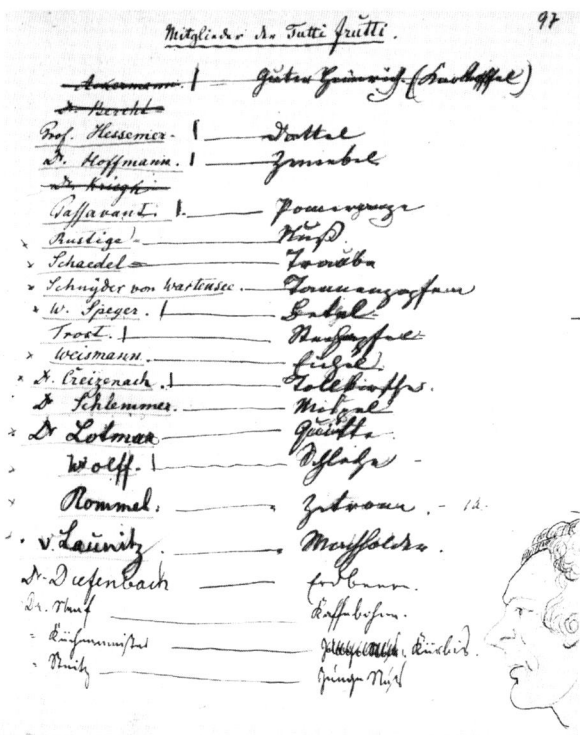

Mitgliederliste und Verzeichnis der Decknamen aus den Protokollen der „Tutti Frutti". An zweiter Stelle: Heinrich Hoffmann, genannt „Zwiebel".

Professor der Architektur am Städel-
schen Kunstinstitut Friedrich Maximilian
Hessemer (1800 - 1860). Lithographie
von B. Höfling.

Heinrich Hoffmann
Lithographie von Valentin Schertle
1883.

Frankfurt verschont blieb. Die Decknamen sollten neben der Tarnung auch einen Verzicht auf die Titulaturen der einzelnen Mitglieder bewirken.[200] Als Gäste luden die „Tutti Frutti" zu ihren „Bäder im Ganges" genannten Veranstaltungen unter anderem die Literaten Ferdinand Freiligrath, Karl Gutzkow oder auch Georg Herwegh ein. In diesem Kreis sammelte Hoffmann erste literarische Erfahrungen. Über das Ende der Vereinigung berichtet Hoffmann enttäuscht: *„Die politischen Verhältnisse ... lockerten das gesellige Band, die disponible Hirnmunition war verpufft, das Pulvermagazin war geleert, die jungen Soldaten waren invalide geworden. So löste sich der Verein wohl im Jahre 1845 an Altersschwäche auf, der gewöhnliche Hergang bei allen solchen Vereinigungen."* [201] Ein ähnliches Schicksal erfuhr die wenige Jahre später von Hoffmann ins Leben gerufene „Gesellschaft der Katakomben", an der auch die Frauen der Beteiligten mitwirkten.[202]

Im Rückblick auf das Leben Hoffmanns werden mit seiner Mitgliedschaft in der Freimaurerloge „Zur Einigkeit", seinem Engagement als Administrator am Städel sowie seinem Eintreten für den Bürgerverein drei Betätigungsfelder im folgenden näher betrachtet, weil hier der Charakter Hoffmanns besonders deutlich zutage tritt: Die Ausrichtung seines Lebensweges nach humanitären Gesichtspunkten und, damit verbunden, seine Bereitschaft, Verantwortung in der Gesellschaft und für das Gemeinwohl zu übernehmen sowie seine Begabung, diese Tugenden nicht mit selbstüberhöhendem Ernst zu leben, sondern in seinem Tun und Einsatz mit Humor und Lebensfreude auf die Umwelt auszustrahlen.

Heinrich Hoffmann und die Freimaurerloge „Zur Einigkeit"

> *„In den letzten Jahren dieser Periode trat ich auch in*
> *den Freimaurerorden ein."* 203

In den „Lebenserinnerungen" nimmt die Zeit der Mitgliedschaft Hoffmanns in der Freimaurerloge „Zur Einigkeit"204 einen eher episodenhaften Charakter ein. Desungeachtet versäumt er es nicht, mit der Erwähnung der Logenmitgliedschaft seines Vaters sowie der Aufzählung einiger Logenbrüder, die ihm besonders nahe standen, einen persönlichen Eindruck von der Verbundenheit mit dem maurerischen Leben zu geben. Tatsächlich war Philipp Jacob Hoffmann am 26. Januar 1809 in die Loge „Zur Einigkeit" aufgenommen worden.205 Was mag den soeben mit der Landesvermessung für die Dalbergsche Verwaltung Beauftragten zu diesem Schritt veranlaßt haben? War es womöglich das Vorbild, das er in Dalberg zu erkennen glaubte, von dem man trotz der in diesen Fragen sehr diskreten Freimaurer berichtete, daß er ein Freimaurer war? Gewiß ist das Urteil Heinrich Hoffmanns über das Engagement seines Vaters im Freimaurerbund gerechtfertigt; der Sohn schreibt, daß der Vater ein *„eifriger Bruder und selbst Meister vom Stuhl gewesen"* sei.206 Insgesamt zwei Jahre, von Januar 1818 bis Februar 1820, stand Philipp Jacob Hoffmann der Loge vor.207 Später hat er aus Gründen, auf die noch einzugehen sein wird, die Mitgliedschaft gedeckt.208 Ist auch das Austrittsdatum nicht eindeutig zu belegen, so läßt sich dennoch aus der weiteren Schilderung Heinrichs bezüglich des eigenen Eintritts in die Loge ableiten, daß sein Vater erst nach 1829 ausgetreten sein kann. Denn er hatte, so beschreibt es Hoffmann, *„von der Loge eine Unterstützung von 300 Gulden für meine Studien erhalten";* 209 dies setzte freilich eine Mitgliedschaft in der Loge voraus. Zur Zeit des Wechsels Heinrichs von Heidelberg nach Halle – um 1831/32 also – muß es dann zwischen Philipp Jacob Hoffmann und der Loge zu Meinungsverschiedenheiten gekommen sein, die ihn auf Rückfragen seines Sohnes zu der abschätzigen Bemerkung und gewiß auch zum Austritt veranlaßt haben: „Die Freimaurerei sei ein leeres Nest, in welches vielleicht ein verderblicher Kuckuck sein Ei legen könne."210 Heinrich Hoffmann empfand es nicht zuletzt als eine *„Pflicht der Dankbarkeit"* für die Unterstützung seines Studiums, der Loge beizutreten.211 Am 20. August 1836 wurde er mit der Matrikelnummer 886 in die Loge „Zur Einigkeit" aufgenommen. In seinen „Lebenserinnerungen" würdigt er diese Entscheidung: *„Ich habe sehr schöne und gehaltreiche Jahre in dem Bunde verlebt, was freilich dem Umstande zuzuschreiben war, daß sich eine Anzahl tüchtiger, strebsamer und begabter Männer damals zusammenfanden."* 212 Stellvertretend erwähnt Hoffmann seinen Freund und Kollegen Johann Georg Varrentrapp, den Stadtarchivar Georg Ludwig Kriegk sowie den Kaufmann und Komponisten Wilhelm Speyer und schildert aus eigenem Erleben die Aufnahme des Komponisten Franz Liszt in die Loge. Als weitere Mitglieder der „Einigkeit",

Eintrag Heinrich Hoffmanns (886) in das Matrikelbuch der Loge „Zur Einigkeit"
vom 20. August 1836.

mit denen Hoffmann eine enge Freundschaft verband, sind unter anderem der
Stadtarzt und Vorgänger Hoffmanns als Leiter der Irrenanstalt, Johann Conrad
Varrentrapp, der Städelprofessor Friedrich Maximilian Hessemer sowie der spätere
Direktor der Elisabethenschule, Heinrich Weismann, zu nennen. Im Logenleben
wußte Hoffmann – ohne jemals ein Amt zu bekleiden – vor allem durch seine gesellschaftlichen Beiträge zu gefallen. Letzte Belege für seine Mitgliedschaft finden
sich in den Schilderungen über das 100. Stiftungsfest der „Einigkeit" im Juni 1842,
als er zusammen mit Maximilian Hessemer an der feierlichen Tafelloge in Versform
mit einem Toast auf die Frauen begeisterte.[213] Anläßlich dieses Stiftungsfestes
wurde er von der Loge „Pforte zur Ewigkeit" in Heidelberg offiziell beauftragt,
deren Glückwünsche zu überbringen. Doch die engen persönlichen Freundschaften und das tiefe persönliche Erleben vermochten es nicht, Hoffmann über
latente Konflikte innerhalb der Loge hinwegzutäuschen: *„Als nach einigen Jahren
aber selbst unsere freisinnige Loge sich durch Berliner Einflüsse bewogen fühlte, gegen die
Anerkennung jüdischer Maurer sich auszusprechen, so fand ich in solchem Beschluß einen zu
argen Widerspruch gegen den Grundsatz, daß in Logen weder von Politik noch von religiösen und konfessionellen Dingen gesprochen und verhandelt werden durfte, und ich trat dann
wieder aus."* [214] Damit hatte er – unwissentlich – aus den gleichen Gründen gedeckt

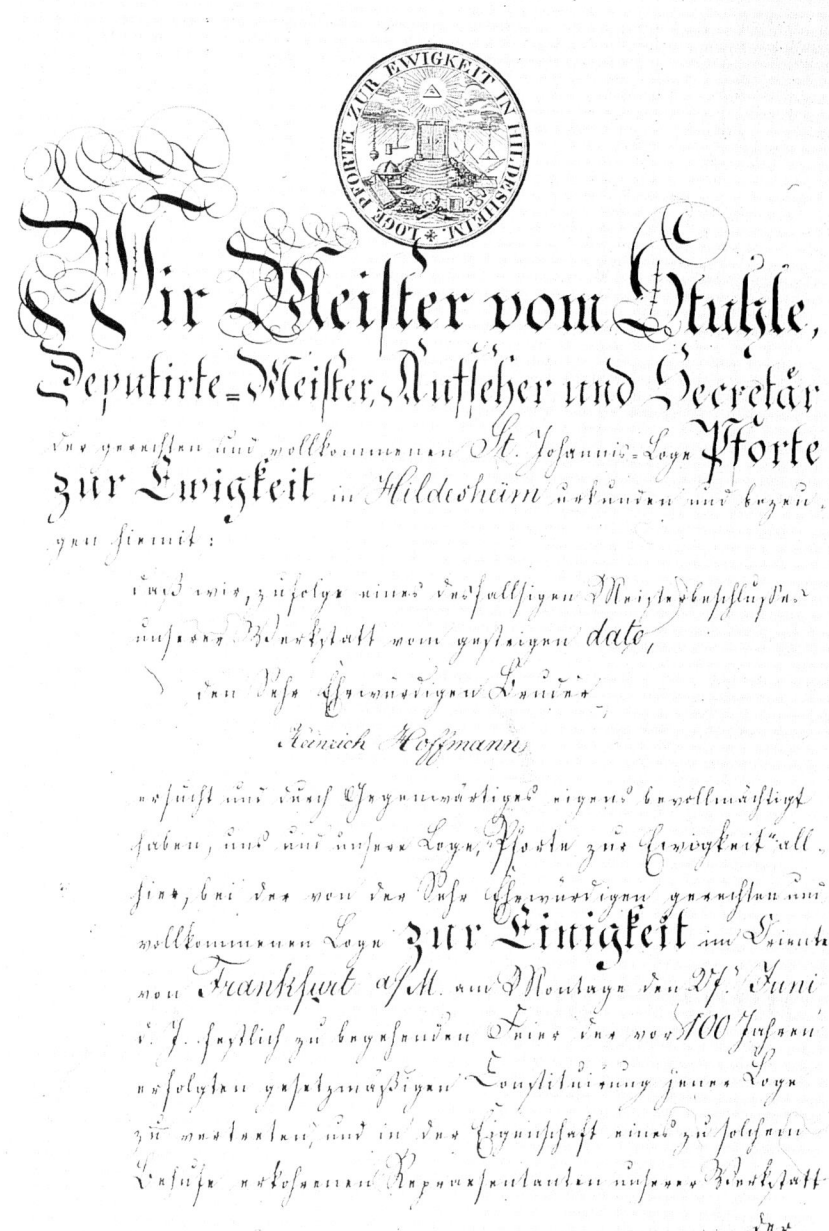

Vollmacht der Loge „Pforte zur Ewigkeit" in Hildesheim für Heinrich Hoffmann, die Glückwünsche zur Jahrhundertfeier der Loge „Zur Einigkeit" in Frankfurt zu überbringen. Besiegelt in Hildesheim am 16. Juni 1842.

Direktor der Elisabethenschule Heinrich
Weismann (1808-1890). Lithographie
von Valentin Schertle.

Kaufmann und Komponist Wilhelm
Speyer (1790-1878). Lithographie von
Valentin Schertle.

wie etwa zehn Jahre zuvor sein Vater.[215] In der Konsequenz seiner Haltung unterschied er sich von der Mehrzahl der Logenbrüder, die den Konflikt um die Toleranz gegenüber Juden in den Logen trotz wiederholter Niederlagen austrugen und letztlich von Frankfurt aus eine zunehmende Öffnung der Freimaurerei für Juden bewirkten.[216] Für Heinrich Hoffmann bildete, wie für seinen Vater, das Gebot der Toleranz gegenüber Andersgläubigen und der Anspruch der Religionsgemeinschaften auf Gleichberechtigung ein zu hohes Gut, als daß sie in ihrem unmittelbaren Lebensbereich Verstöße dagegen duldeten. Was Heinrich Hoffmann beruflich mit Einsatz und Engagement auch gegen Anfeindungen betrieb, die Gleichberechtigung der Juden im Gesundheits- und Versorgungssystem, das wollte er in seinem Privatleben nicht verletzt wissen. Resümierend beschreibt er die Freimaurerei: *„Es ist damit wie mit vielen trefflichen Dingen in der Welt, das Gedeihen hängt nicht von der äußeren Form ab, sondern von den Menschen, wie sie sich zufällig zusammentreffen."* [217]

In der Administration des Städel-Vereins

> *„Wir, die Administratoren, sämtlich Evangelische,*
> *hatten in einer vorzugsweise protestantischen Stadt*
> *seinerzeit in dem Ankauf des Overbeckschen Bildes*
> *'Triumph der Künste' der katholischen Richtung ein*
> *Zugeständnis gemacht, es sei nun unsere Pflicht,*
> *auch der protestantischen Richtung in dem*
> *Lessingschen Bilde gerecht zu werden. Wir sollten*
> *über den religiösen Parteien stehen und könnten nur*
> *durch diese Erwerbung dieser Pflicht genügen.“* [218]

Die guten Kontakte zur Kunstwelt Frankfurts aufgrund der regelmäßigen Treffen im Rahmen der oben genannten Gesellschaften trugen Hoffmann 1841 die Auszeichnung ein, von seinem Freund Philipp Passavant für eine der fünf Administratorenstellen am Städel vorgeschlagen zu werden. Der kunstsinnige und -interessierte Hoffmann fühlte sich durch dieses Angebot geehrt und willigte voller Freude ein. Ob ihm im Augenblick der freudigen Annahme dieses Ehrenamtes

Johann Hus vor dem Konzil von Konstanz.
Gemälde von Friedrich Lessing 1842.

bewußt war, daß er sich damit mitten in konfessionell begründete Auseinandersetzungen zwischen den Lagern der katholischen „Nazarener" einerseits und der protestantischen „Niederländer" mit der „Düsseldorfer Malschule" andererseits begab?[219] Zumindest wurde er bald Teil einer der handelnden Parteien, als sich der angedeutete Konflikt 1842 am Streit um den Ankauf des Gemäldes „Johann Hus vor dem Konzil von Konstanz" von Friedrich Lessing entlud. Die Verhandlungen in diesen „kulturkampfähnlichen Konflikten" am Städel waren so festgefahren,[220] daß ein Ausgleich in dem von Hoffmann angestrebten Sinne nicht mehr möglich erschien. Der Städeldirektor Philipp Veit nahm den Ankauf des Lessing-Gemäldes, der vorher mit ihm nicht abgesprochen worden war, zum Anlaß für seinen Rücktritt und hinterließ einen ratlosen Hoffmann: *„Mir aber machte man den Vorwurf, ich hätte den Herrn Veit aus seiner Stelle hinausgedrängt. Was wäre erst geschehen, wenn er nein gesagt und die Administration dennoch den Hus erworben hätte! – Solchen Leuten soll es einer recht machen!"* [221] In diesem Konflikt offenbart sich Hoffmanns grundsätzliche Haltung zur Religion, die geprägt war vom Gebot unbedingter Toleranz. In dem humorvollen Gedicht Hoffmanns „Toleranzedikt" heißt es:

„Nun kein Wort mehr von dem Glauben,
Nichts von Wittenberg und Rom!
Bringt vom Friedensöl der Trauben
In den grünen Friedensdom!

Unversöhnlich, immer böser
Wird der Mensch im frommen Zank.
Unser himmlischer Erlöser
Sei ein freudenvoller Trank!

Alles Beten laß' ich gelten
Wie es Meinung lehrt und Not;
Mohammed nur ist zu schelten,
Da er uns den Wein verbot.

Gründen wir hier die Gemeinde;
Wein im Glase sei Monstranz.
Stoßt mit an, ihr Glaubensfeinde!
Freudig hoch, die Toleranz!" [222]

Etwa 14 Jahre amtierte Hoffmann als Administrator am Städel. Seine Schilderungen verraten, daß er in diesem Ehrenamte mehr Frust als Lust erfuhr. Trotzalledem sah er aber in dieser Aufgabe eine Möglichkeit, die Entwicklung der Kunst in Frankfurt nach besten Kräften zu fördern. Erst der Baubeginn für die neue Irrenanstalt zwang ihn, das Amt als Administrator am Städel niederzulegen.

Die Speisekarte des Bürgervereins zur Feier der Eröffnung des neuen Saals schmückt ein
Porträt Heinrich Hoffmanns.
Eugen Klimsch 1893.

Mitbegründer des Bürgervereins

„In die Zeit zwischen Vorparlament und Parlament
fällt auch die Gründung des Bürgervereins, auch eine
meiner Vereinsgründungen. Ich schrieb etwa ein
Dutzend Briefe an Bekannte, Kaufleute, Gelehrte
und Handwerker, Protestanten, Katholiken und
Juden, in denen ich sie einlud, bei mir zusammenzu-
treffen, um eine für die Stadt nicht unwichtige
Angelegenheit zu besprechen." [223]

Die von Hoffmann mit oben erwähnter Einladung auf den Weg gebrachte Gründung des Bürgervereins weckte in der Frankfurter Bürgerschaft lebhaftes Interesse.
Schon in der ersten Zusammenkunft von möglichen Interessenten am 2. Mai 1848
erklärten 448 Anwesende ihren Beitritt. Bis zum Ende des Jahres 1848 zählte der
Verein knapp 1.000 Mitglieder mit stetig steigender Tendenz bis zum Jahr 1875, als
der Höchststand mit 2.108 Mitgliedern erreicht war. Die am Verein Interessierten
setzten sich über gesellschaftliche Standesunterschiede hinweg und verkehrten un-
abhängig von Berufs- und Glaubensschranken miteinander. Kämpferisch vertrat
Hoffmann die Forderung nach Überwindung bestehender Klassenschranken, als er
in der Gründungsversammlung des Vereins bekundete, *„wir kämen mit der Axt in der*
Hand und wollten dem Baum des Separatismus, des Geldklubwesens die Wurzel ab-
hacken!"[224] Der Zweck des Vereins war im ersten Paragraphen der bald verabschie-
deten Statuten festgelegt: „Der Bürgerverein ist ein Verein von Männern aus allen
Ständen und bezweckt Unterhaltung, Belehrung, Erholung der Mitglieder durch
Lectüre, mündlichen Gedankenaustausch, Vorträge, – Alles mit besonderem Hin-
blick auf die öffentlichen Verhältnisse unseres Vaterlandes und unserer Stadt."[225]
Damit wurde auch in Frankfurt – am Sitz des Bundestages eher moderat vorgetra-
gen – Programm, was sich in allen Deutschen Ländern seit 1847 anbahnte: Der Ruf
nach Versammlungs-, Vereinigungs- und Pressefreiheit. Die Erinnerungsschrift zum
50jährigen Bestehen des Bürgervereins zitiert, den reformerischen Ansatz der
Gründer unterstreichend, aus einer programmatischen Schrift von Ende April
1848: „Ernstlich muß Hand an's Werk gelegt werden, aber nicht um
niederzureißen, sondern um aufzubauen; denn alles Abgelebte zerfällt von selbst,
sobald ein Neues und Besseres sich an seiner Stelle entwickelt, und mehr als genug
ist der Boden gelockert, um eine kräftige Saat fröhlich aufgehen und gedeihen zu
lassen."[226] Die den Acker bestellten, das waren in erster Linie Ärzte aus dem
Umfeld und Freundeskreis Heinrich Hoffmanns, die ihre Bereitschaft zum
Engagement schon bei der Gründung des Ärztlichen Vereins drei Jahre zuvor be-
wiesen hatten: Johann Georg Varrentrapp, der von 1848 bis 1850 als erster
Vorsteher des Vereins amtierte; Gustaf Adolf Spiess, der diesen zunächst vertrat

Geheimer Sanitätsrat Johann Georg
Varrentrapp (1809-1886). Lithographie
von Valentin Schertle um 1881.

Stadtarchivar Georg Ludwig Kriegk
(1805-1878).
Fotografie von J. Bamberger.

und ihm 1851 im Amt des Vorstehers folgte, und Johann Michael Mappes. In seinem reformerischen Ansinnen bildete der Bürgerverein zugleich einen Gegenpol zum „Montagskränzchen" sowie zu dem aus dessen Mitte hervorgegangenen Deutschen Verein, deren Mitglieder ihre Identifikationsfigur in Robert Blum sahen und sich als Teil „eines radikalen, die Freiheitsideen und Freiheitsphrasen der Zeit stark kultivierenden Bürgertums" begriffen.[227] Die Pflege der Geselligkeit, der sich der Bürgerverein verschrieben hatte, fand ihren Ausdruck in der Gestaltung gemeinsamer Abende der Mitglieder anläßlich von Vorträgen zu gesellschaftlichen, aber auch politischen Themen. Desweiteren stand den Mitgliedern im Lesesaal ein umfassendes Angebot der wichtigsten Zeitungen zur Verfügung.[228] Angesichts der politisch bewegten Zeit mit dem Ringen der Nationalversammlung in der Paulskirche um die Verfassung des deutschen Nationalstaates nimmt es nicht Wunder, daß es auch innerhalb des Bürgervereins trotz der satzungsmäßigen Bestimmung, daß der Verein kein unmittelbares politisches Mandat wahrnehme, zu Richtungskämpfen kam. Hoffmann berichtet von diesen Flügelkämpfen: *„Es sollte ... das Anprallen politischer Parteien verhütet und vieles in geselligem Verkehr und durch Vorlesungen und Belehrungen ausgeglichen werden. Das wurde nun freilich gar nicht erreicht; denn bald nach der Gründung des Bürgervereins trat der demokratisch-republikanische Teil aus und gründete den neuen Bürgerverein."*[229] Entscheidende Kraftproben lieferten sich die beiden im Montagskränzchen und im Bürgerverein vertretenen maßgeblichen politischen Richtungen in der auf Betreiben der Radikalen durchgesetzten Frankfurter Konstituante. Unversöhnlich standen sich in den Debatten die

120 am 30. Oktober 1848 in die Frankfurter verfassungsgebende Versammlung gewählten Abgeordneten gegenüber. Auf Seiten des Montagskränzchens führten Nicolaus Hadermann und Maximilian Reinganum das Wort, Georg Ludwig Kriegk, Johann Georg Varrentrapp und auch Heinrich Hoffmann waren die Protagonisten des Bürgervereins.[230]

Der Politiker Heinrich Hoffmann – Vom Regenten zum Regierten

> *„Um nun möglichst Zeit zu gewinnen habe ich mich auch von Allem sonstigen losgemacht, z. B. von unserer +++ constituierenden Versammlung, wo ich nahe daran war, mir den Tod an den Hals und in die Leber hinein zu ärgern. Denke Dir, seit 3/4tel Jahren habe ich über politische Ansichten nicht, gar nicht gezankt.“* [231]

Vernichtender könnte das Urteil über politisches Engagement auch heute, in einer Zeit viel beklagter „Politikverdrossenheit", kaum ausfallen. Hoffmann war aufgrund seiner Einstellung und seines auf Ausgleich widerstreitender Interessen bemühten Gemüts für die sich zunehmend polarisierende Politiklandschaft um die Mitte des 19. Jahrhunderts nicht geschaffen. Schon die Wortwahl bei der Beschreibung des Parlamentsbetriebs der Nationalversammlung offenbart Hoffmanns Irritation: *„Es kam die Zeit des Parlaments. Das Intrigenspiel begann. Die beste Zeit wurde mit doktrinären Debatten über die Volksrechte verbraucht; es wurde leeres Stroh gedroschen."* [232]

Bedauerlich ist, daß ihn, der als einer von zehn Repräsentanten der Frankfurter Gesetzgebenden Versammlung in das Vorparlament geschickt wurde, seine Abneigung gegenüber dem äußeren Erscheinungsbild des Parlamentarismus geradezu verstummen ließ. Einzig eine *„ziemlich konfuse Erinnerung"* hatte er an den *„Wirrwarr jener Tage"*, da er im Vorparlament saß. Ihn erinnerten die Ereignisse an die *„Zeit eines jugendlichen Rausches: der Einzug in die Paulskirche, der Schmuck der Straßen, die friedlich begeisterte Menge, die in engstem Drängen sich jubelnd durch die Straßen bewegte."*[233] Auch ein Blick in die Verhandlungsprotokolle der Sitzungen des Vorparlaments gibt keinen Aufschluß über die Positionen Hoffmanns: Er hatte sich nicht ein einziges Mal zu Wort gemeldet. Dabei hatte seine politische Laufbahn vielversprechend begonnen. Hoffmann hatte dem unter der Leitung des späteren Paulskirchenabgeordneten Friedrich Siegmund Jucho stehenden Komitee zur Vorbereitung des Vorparlaments angehört und einen von auswärts in das Vorparlament delegierten Teilnehmer – seinen Studienfreund Friedrich Karl

Einzug der Mitglieder des Vorparlaments in die Paulskirche. Lithographie nach einer Zeichnung von Jean Ventadour 1848.

Hecker – bei sich aufgenommen. Die Studienfreunde hatten sich mittlerweile in entgegengesetzte politische Richtungen orientiert. Hoffmann wußte freilich von Heckers republikanischen Ansichten. Verbunden mit der Einladung nach Frankfurt bat Hoffmann Hecker von vornherein um politische Mäßigung. Der „Burgfrieden" war nur von kurzer Dauer, bald lagen Gast und Gastgeber heftig miteinander im Streit: *„Ich geriet häufig mit ihm und gegen seine republikanischen Utopien in aufgeregte Diskussionen; meine Frau behauptete immer, ich sei der erregteste."* [234] Nach nur vier Sitzungen in den ersten Apriltagen des Jahres 1848 waren die Weichen für die einzuberufende Nationalversammlung gestellt und die Arbeit des Vorparlaments beendet.[235] Hecker soll sich mit den Worten „Stürzen wir uns mutig in die Wogen der Revolution!" von Hoffmann verabschiedet haben, der mit der Prophezeiung konterte: *„Und ersaufen wir darin!"* [236]. Anschließend zog er sich auch auf Anraten seiner Frau für einige Wochen aus Frankfurt zurück, um sich bei einem Kuraufenthalt in Bad Soden zu erholen; er hatte sich *„durch all die Aufregung dergestalt verletzt und verdorben, daß mein heftiger Katarrh sich bis zum Blutspeien steigerte."* [237]

Heinrich Hoffmann übersandte sein Gedicht „Horch auf mein Volk!"am
18. März 1848 an Wilhelm Speyer mit den Worten: „Geschrieben hab' ich's
mit vollklopfenden Pulsen, die Feder in mein Herzblut getaucht, nachdem ich
hörte wie in Österreich das hundertjährige Eis borst."

Theater in Frankfurt. Durch die auf einander folgenden Todesfälle der Herren Maiss und Guhr schien das Fortbestehen der frankfurter städtischen Bühne in Frage gestellt. Es soll deshalb im Werke gewesen sein, dass die Nationalversammlung selbst das Theater übernähme und das hier mitgetheilte Verzeichniss liefert wenigstens den Nachweis reicher und mannigfacher dramatischer Kräfte, die sich inmitten der Versammlung befinden. Der Entwurf zur Besetzung der verschiedenen Rollen und Fächer lautet also:

(1) Director und Dramaturg. . . . . Herr Heinrich v. Gagern.	(7, 8) Intriganten . . . . Herr Blum u. v. Itzstein.	(14) Anstands-Damen. . . . . Herr Biedermann.
(2) Erste Helden und Liebhaber . . . . . . „ v. Boddien.	(9) Zärtliche Mütter . . . . „ Mittermaier.	(15) Pächter . . . . „ Graf Schwerin.
(3) Reine Helden aber zweite Liebhaber . . „ Moritz Hartmann.		(16) Stimmen aus dem Grabe, Gespenster-scheinungen. . . . . „ Nauwerck.
(4) Edle Väter, heroische Greise. . . . . „ von Radowitz.	(10, 11, 12) Komische Gestalten, Pro-vinzial- und Dialektrollen . . . „ v. Vincke, Raes-mäuler, Zimmer-mann aus Stuttgart.	
(5) Polternde Alte. . . . . „ Welcker.		(17) Hausknechte. . . . . „ Schlöffel.
(6) Naturburschen. . . . . „ Voigt von Giessen.	(13) Gelehrte Hanswürste. . . . . . . „ Ruge.	
(18) Balletmeister: Hr. Wurm. (19, 20) Logenschliesser: die Hrn. v. Möring und Jucho. (21) Theaterfriseur: Hr. Moritz Mohl. (22) Die Besorgung des Büffets hat Hr. v. Soiron übernommen.		

„Theaterzettel“. Radierung von Friedrich Pecht nach einer Idee von Heinrich Hoffmann und Theodor Creizenach aus dem Jahr 1848.

Hecker, der von der Wählerschaft im badischen Tiengen, nahe der Schweizer Grenze gelegen, in die Nationalversammlung gewählt worden war, konnte wegen eines ablehnenden Votums der Mehrheit der Paulskirchenabgeordneten in der Debatte über die Amnestie der Aprilaufständischen vom 8. August 1848 sein Mandat nicht wahrnehmen.[238]

Die Sitzungen der Nationalversammlung vom 18. Mai 1848 bis in den Juni 1849 verfolgte Hoffmann nur noch als Beobachter. *„Von den eigentlichen politischen Ereignissen schweige ich; ich habe nichts erlebt, was neue Mitteilungen erfordern sollte. Ich verlor sogar das lebhafte Interesse an der ganzen Geschichte.“*[239] Bekanntschaften schloß er nach eigener Schilderung nur mit wenigen Abgeordneten, so dem Arzt Johann Gottfried Eisenmann, dem Schriftsteller Heinrich Laube, den Juristen Friedrich Christoph Heinrich von Römer und Ludwig Uhland.[240] Mit dem Schriftsteller Jakob Venedey [241] und dem Hallenser Buchhändler Karl Gustav Schwetschke [242] verband ihn dagegen echte Freundschaft. Daß Hoffmann die Tagungen der Nationalversammlung nicht teilnahmslos vorübergehen ließ, überliefert die Karikatur eines Theaterzettels, mit der er weitreichendes Insiderwissen über die einzelnen Fraktionen und Gruppen innerhalb des parlamentarischen Gefüges der Paulskirche offenbarte. Mit bissigem Humor zeichnete er sich zusammen mit Theodor Creizenach mit dieser Karikatur die Geringschätzung des Parlaments-alltags von der Seele, indem er den führenden Köpfen der Nationalversammlung spezielle Rollen und Funktionen an einem fiktiven Theater zuordnete. Unter anderem werden Heinrich von Gagern als Direktor und Dramaturg, General von Radowitz als heroischer Greis, Professor Mittermaier als zärtliche Mutter, Karl Biedermann als Anstandsdame, oder Moritz Mohl als Friseur für die Schau-spielerinnen persifliert. Diese von Friedrich Pecht radierte Zeichnung hat Veit Valentin als „die hübscheste Leistung, unter vielem Platten und künstlerisch Unzureichenden“ gelobt.[243]

Lediglich einmal noch sollte das politische Geschehen dieser bewegten Zeit Hoffmann mitreißen: Als nach heftigen Debatten die Nationalversammlung am 27. März 1849 mit einer Mehrheit von 290 Stimmen gegen 245 Enthaltungen beschloß, dem preußischen König Friedrich Wilhelm IV. die deutsche Kaiserwürde anzutragen, da dichtete Hoffmann voller Enthusiasmus:

„Tritt zu dem Volk, es tritt das Volk zu Dir!
Es reicht Dir Banner dar und Krone.
Dein Wahlspruch sei: Allweg' gut Deutschland hier!
Die Freiheit steht als Schutz an Deinem Throne.
Dann wird das Reich erstehen stark und wahr,
Das Reich des heilig einigen Verbandes;
Und jener Tag des freien Wählens war
Der Siegestag des freien Vaterlandes.“ [244]

Dieses Hochgefühl überlagerte nur wenige Tage Hoffmanns Meinung über den Verlauf der Ereignisse der Jahre 1848/49. Nachdem der preußische König die Annahme der Krone als einen „Reif, aus Dreck und Letten gebacken"[245] abgelehnt hatte, ergänzte Hoffmann sein oben zitiertes Gedicht um die zynischen Verse:

„Dem König von Preußen am 3. April.
Du, König, hast's verschmäht! Du wagst es nicht!
Du trittst nicht her zum freien Volke!
Wohlan, so zaud're bis das Wetter bricht
Verderblich aus der finst'ren Wolke!

Wenn dann Du rufst: Heran mein Volk, zu mir!
Dann wird das Volk sich auch bedenken.
Wir sind getrennt. Du dort, wir stehen hier!
Wir haben keine Krone zu verschenken." [246]

In diese Phase politischer Resignation datiert Hoffmanns Rückzug aus der Lokalpolitik: *„Meine Tätigkeit in der Werkstätte freistädtischer Politik war aber nur auf wenige Jahre beschränkt, ich machte das Jahr 1848 noch in freudiger Begeisterung mit, als wir aber dann in lächerlicher Karikatur in unserem Pfahlbürgertum die große staatliche Krise nachäffen wollten und in der sogenannten 'Frankfurter konstituierenden Versammlung' Frankfurter Menschenrechte auf ultrademokratischer Basis beraten und ins Leben führen wollten, hatte ich die Geschichte satt und legte meine Stelle nieder. Ich sagte: 'Die Zahl der Regierer ist so groß, die der Regierten so verschwindend klein, daß ich es für ein Verdienst erachten muß, die Zahl der letzteren zu vergrößern. Ich will nunmehr mich regieren lassen!' Ich blieb dabei bis zu meinem Lebensende und habe mir dadurch viel Ärger erspart."* [247]

Die Mitwirkung an der Gründung des Patriotischen Vereins Ende Juli 1849 verschwieg Hoffmann in den „Lebenserinnerungen", obwohl er in diesem „Sammel- und Stützpunkt aller konservativ-liberalen Elemente"[248] seine politische Heimstatt sah und auch an der Begründung des Vereinsorgans, des „Frankfurter Volksboten", mitwirkte. Der „Volksbote" sollte „leidenschaftslos, nur durch wahre, uneigennützige Überzeugung geleitet die Fragen und Begebenheiten des Tages besprechen, dem Unverstand, dem Vorurteil, der Parteiwut ... eine ruhige und würdige Kritik entgegenstellen."[249]   Vor allem gegenüber Mitgliedern der Arbeiterschicht beschrieb der Volksbote seine Rolle als die eines Freundes, „der sie über ihren wirklichen Vorteil aufklärt, ohne ihnen durch kommunistische Schwindeleien verräterische Versprechungen einzureden. Die Wahrheit über alles".[250] In der nachrevolutionären Zeit nahm Hoffmann als Karikaturist und Satiriker am politischen Geschehen Anteil. Den Bekanntheitsgrad des „Struwwelpeter" ausnutzend, verfaßte er unter dem Pseudonym „Peter Struwwel – Demagog" das „Handbüchlein für Wühler", eine Geschichte mit Anleitung, „in wenigen Tagen ein

Handbüchlein für Wühler

oder

kurzgefaßte Anleitung in wenigen Tagen

ein Volksmann zu werden.

Von

Peter Struwwel,

Demagog.

Zweite Auflage.

Leipzig, 1848.

Verlag von Gustav Mayer.

Aufgeschnittene und beschmutzte Exemplare werden nicht zurückgenommen.

Unter dem Pseudonym „Peter Struwwel" veröffentlichte Heinrich Hoffmann 1848 das „Handbüchlein für Wühler".

Volksmann zu werden". Als Hoffmann erfuhr, daß diese Satire auf die „Maulhelden der Revolution" bei der Reaktion helle Begeisterung ausgelöst hatte, versäumte er es nicht, im Sinne der Ausgewogenheit mit dem „Heulerspiegel" Aristokraten und Erzkonservativen in die Parade zu fahren.[251]

Der Literat

*„Ich habe mich nicht eigentlich für einen Dichter, son-
dern nur für einen Gelegenheitsversemacher gehalten;
wenn es mir aber gelungen ist, guten Menschen,
Alten und Kindern, frohe Stunden zu bereiten,
so bin ich von Herzen zufrieden."*[252]

Sein literarisches Werk würdigend, lenkt Hoffmann in den „Lebenserinnerungen"
die Aufmerksamkeit auf den wirtschaftlichen Aspekt seiner publizistischen
Tätigkeit. Auf stolze 60.194 Mark und 86 Pfennige beziffert der pedantische
Rechner seine Honorare für die Jahre 1845 bis 1890. Vergütungen für ärztliche
Schriften waren in dieser Summe nicht enthalten, da er diese honorarfrei veröffentlichte. *„Und nur hierdurch wurde es mir möglich, alle Jahre allein oder mit den Meinen
die vielen kleinen Reisen zu machen und überdem noch so viel zu erübrigen, daß das mäßige
Vermögen meiner Frau fast verdreifacht wurde, und wir jetzt im Alter einfach aber bequem
leben können."*[253] Seine literarischen Anfänge lassen sich bis in das Jahr 1832 zurück-
verfolgen, in dem der gerade 22jährige und offensichtlich verliebte Student „Das
Ständchen" für eine Angebetene verfaßte.[254] Als Erstling wurden 1842 „Gedichte"
Hoffmanns veröffentlicht.[255] In den „Lebenserinnerungen" schildert er den
Beginn seiner poetischen Karriere Anfang der vierziger Jahre: *„In diesen Jahren ...
habe ich nun sehr viel der poetischen Produktion gefrönt, und wenn auch meine Sachen nur
einen bescheidenen Erfolg hatten, so muß ich doch gestehen, daß dies die glücklichsten Jahre
meines Lebens waren."*[256] Nach dem sich abzeichnenden Erfolg des „Struwwelpeter"
verlagerte Hoffmann den Schwerpunkt seiner literarischen Arbeit auf
Kinderbücher. Mit dem „Breviarium der Ehe" (1853) und einem „Auf heiteren
Pfaden – Gesammelte Gedichte" (1873) betitelten Werk knüpfte er jedoch immer
wieder an seine frühen Schriften an.

Heinrich Hoffmann – Der Humorist

> *„Man möge mich nicht falsch verstehen; ich verlange*
> *nicht vom Arzte, daß er den Spaßmacher spiele, oder*
> *ein Wanderlager von Witzen und Anekdoten mit*
> *sich führe. Er bedarf eines höher gearteten Frohsinns,*
> *er soll ein Humorist sein."* [257]

Diesem Motto, das er den Mitgliedern des Ärztestandes so gerne ins Stammbuch geschrieben hätte, versuchte Hoffmann nicht nur im Berufsleben gerecht zu werden. Seine Auftritte als humoristischer Festredner aus Anlaß von Jubiläumsfeiern, Tagungen oder Jahresversammlungen sind Legende. Stets bildete ein Beitrag Hoffmanns den Höhepunkt der Veranstaltung. Als der Bürgerverein sich 1893 anschickte, seinen neuen Saal feierlich zu eröffnen, schmückte das Konterfei Hoffmanns als Festredner sogar die von Eugen Klimsch entworfene Speisekarte. Anläßlich des 100jährigen Jubiläums der Freimaurerloge „Zur Einigkeit" war es Hoffmann vorbehalten, während der Tafelloge den Toast auf die Damen auszubringen. Ein Unterfangen, das dem Verfasser eine gewisse geistige Akrobatik abverlangte, sprach er ja in einer Vereinigung und vor einem Kreis, der sich ausschließlich aus Männern zusammensetzte. Hoffmann hat nach der Schilderung von Benjamin Reges auch diese Aufgabe mit Bravour bestanden: „Die Tafelloge war im Weidenbusch, jetzt Hotel de l'Union, wobei die üblichen Toaste ausgebracht wurden. Bemerkenswert ist der poetisch und humoristisch abgefaßte Dank der Frauen von Br. Heinr. Hoffmann."[258]

Angesichts des umfassenden dichterischen Werks sei an dieser Stelle aus Hoffmanns „Allerseelen-Büchlein" zitiert; „eine humoristische Friedhofs-Anthologie", die er 1858 bei der Literarischen Anstalt Rütten und Loening verlegte. Hoffmann entführt darin den Leser zu einem Rundgang über den Friedhof.

Erster Halt ist „Bei dem Pförtner"

> *„De mortuis nil nisi bene:*
> *Wie ist der Spruch voll Lug und schlecht!*
> *De mortuis nil nisi vere:*
> *So sollte es heißen mit Fug und Recht!"*

wo „Über dem Eingang" der Leser mit den Zeilen

> *„Es gibt kein Gasthaus in der Welt,*
> *Das so viel Betten wie dieses hält,*
> *Das so viel Gäste wie dieses hat,*

Von denen jeder still und satt,
Von denen keiner sich Sorgen macht,
Daß Schulden er auf morgen macht."

auf die Sorglosigkeit seiner Zukunft auf dem Friedhof hingewiesen wird. Sodann passiert der Weg verschiedene „Pastorengräber",

„Wo du erschienst, da mußten andre schweigen,
Wie einem Pächter, war das Wort dein eigen.
Von einer Weisheitsquelle mag man etwa sprechen,
Von einem Weisheitsborne etwa wissen alle,
Doch deine Weisheit kam in tiefen Bächen,
Aus Wolkenbrüchen und im Wasserfalle.
Es war ein Glück, daß du nicht bliebst am Leben,
Denn eine Weisheitssündflut hätte es gegeben."

die Grabstätte eines „Heidenmissionars" und auch viele „Fromme Leute"

„Du gingst zur Kirche und zum Tisch des Herrn,
Du zahltest deine Steuern auf die Stund',
Von Trunk und Händeln bliebst du sorglich fern,
Den Armen gabst du, das war allen kund;
Kurzum du warst ein frommer Mann im Leben,
- Und doch ein ganz schlechter Kerl daneben."

haben da links und rechts des Wegs ihre letzte Ruhestätte gefunden, an deren Ruf ein wenig zu kratzen Hoffmann Anlaß sieht. So auch an den „Advokatengräbern",

„Dein Tod allein eröffnet den Klienten
Die Aussicht ihren Rechtstreit zu beenden,
Denn deine Seele hatt' ein zwiefach Haus;
Sie wohnte in dem Leib und in den Akten.
Erst als sie jenen in die Lade packten,
Ging diesen das papierne Leben aus."

bis er schließlich an verschiedenen „Doktorengräbern" zum Stehen kommt:

Erster Doktor

„Geschrieben steht im Buch der Bücher:
Die Werke folgen den Gerechten.

104

Du aber meinst, es wäre klüger,
Wenn sie dich nach den Werken brächten."

Ein zweiter

„Daß du hier liegst, das weiß ich nicht zu deuten;
Erklärlich find' ich's bei den andern Leuten.
Dich hat gewiß ein Dämon angetrieben,
Und ein Rezept hast du dir selbst verschrieben."

Ein dritter

„Ihr sehet, so ein Doktor ist
Ein echter liebevoller Christ,
Dieweil er sorgt zur rechten Zeit,
Daß über Fehler und Gebrechlichkeit,
Über fremde und eig'ne zunächst,
Vergeßliches Gras in Frieden wächst."

Ein fünfter

„Man sieht an dir, was böses Beispiel tut,
Und wie zuletzt die besten Menschen wanken.
Du lebtest gerne, und du lebtest gut;
Und folgtest doch dem Vorgang deiner Kranken."

Ein achter

„Die Toten überrieselt kalter Schweiß,
Seit Du in ihre Reihen bist gestiegen.
'Ach Gott, er ist's!' so flüstert's unten leis;
Ein jeder rückte, etwas fern zu liegen,
Und seinen Nachbarn mancher frug:
'Ist einmal sterben denn noch nicht genug?'"

Die Inschrift für „Eine Ehefrau"

„Mein Gott! Was hat der Mann für einen Stein
Der lieben, guten Frau auf's Grab gesetzt!
Wie muß die Trennung schwer gewesen sein,
Und wie sein Herz zerrissen, ja zerfetzt!

Nur ruhig, ruhig! Was ihr übertreibt!
Er tat es nur, daß sie hübsch unten bleibt."

mag unter den Lesern nicht nur Erheiterung ausgelöst haben, wie auch die bissi-
gen Zeilen, die er für verschiedene Berufssparten fand, so für die Bäcker, Schneider,
Bankiers, Bau- und Schulmeister. Auch einzelne Charaktere nahm er aufs Korn, so
den Geizhals, die Krämerseele, den Spieler, den Trinker, den Feinschmecker, den
Gelehrten und den Philosophen. Hoffmann entläßt den Leser schließlich von dem
Friedhof mit der Inschrift

„Über dem Ausgang"

„Konntest heute her dich wagen,
Gehst auch heimwärts wieder frei;
Kommst du morgen, wer will sagen,
Ob der Heimweg offen sei?" [259]

„Sieh einmal, hier steht er, Pfui! der Struwwelpeter!"

Viel, zuviel möglicherweise, ist über Hoffmanns „Struwwelpeter" in der Vergan-
genheit geschrieben worden, als daß es notwendig erschiene, an dieser Stelle mit
einer weiteren Betrachtung oder gar Interpretation jener Bildergeschichten aufzu-
warten. Gestattet aber sei es, einige der Interpretationen heutiger Zeit der
Enstehungsgeschichte des Büchleins gegenüberzustellen, wie sie Hoffmann in seinen „Lebenserinnerungen" beschreibt. Wolfram Ellwanger zum Beispiel interpre-
tiert die Geschichten vom „Zappelphilipp" und vom „Wilden Jäger" als „Dar-
stellungen von Vater-Sohn-Konflikten auf dem Boden frühkindlich-sexueller
Entwicklungsphasen; dort der oralen (Zappelphilipp), hier der phallischen Phase
(Wilder Jäger). Beide Geschichten sind in Bilder übersetzte Entwicklungskonflikte.
... Beide Geschichten sind ohne befriedigende Lösung, sind 'unvollendet', hinterlassen eine 'Bedürfnisspannung'." [260] Nach Ansicht Marie-Louise Könnekers, die
eine umfassende Monographie über Heinrich Hoffmanns „Struwwelpeter" vorgelegt hat, „wird kindliche Sexualität von Hoffmann ... direkt nicht angesprochen.
Stattdessen tauchen im 'Struwwelpeter', fast penetrant gehäuft und hervorgehoben,
Objekte und Handlungspartikel auf, die zum eisernen Bestand sexueller Symbolik
gehören (Stock, Peitsche, Tintenfeder, Schirm, Flinte – zündeln, zappeln, abschnei-
den, etc.)." [261] Nach dieser Interpretation lachen dann „die drei Tintenbuben den

Der Struwwelpeter.
Aquarellierte Federzeichnung von Heinrich Hoffmann 1844.

II. Die Geschichte von den schwarzen Buben.

Es ging spazieren vor dem Thor
Ein kohlpechrabenschwarzer Mohr.
Die Sonne schien ihm aufs Gehirn,
Da nahm er seinen Sonnenschirm.
Da kam der Ludwig hergerannt,
Und trug ein Fähnchen in der Hand.
Der Kaspar kam mit schnellem Schritt,
Und brachte seine Bretzel mit;
Und auch der Wilhelm war nicht steif,
Und brachte seinen runden Reif.
Die schrien und lachten alle drei,
Als dort das Mohrchen ging vorbei,
Weil es so schwarz wie Tinte sei!

Da kam der große Nikolas
Mit seinem großen Tintenfaß.
Der sprach: ihr Kinder, hört mir zu,
Und laßt den Mohren hübsch in Ruh!
Was kann denn dieser Mohr dafür,
Daß er so weiß nicht ist wie ihr? —
Die Buben aber folgten nicht,
Und lachten ihm ins Angesicht,
Und lachten ärger als zuvor
Ueber den armen schwarzen Mohr.

Der Niklas wurde bös und wild, —
Du siehst es hier auf diesem Bild!
Er packte gleich die Buben fest,
Beim Arm, beim Kopf, bei Rock und West',
Den Wilhelm und den Ludewig,
Den Kaspar auch; der wehrte sich.
Er tunkt' sie in die Tinte tief,
Wie auch der Kaspar: Feuer! rief.
Bis über'n Kopf ins Tintenfaß
Tunkt sie der große Nikolas.

(7)

Du siehst sie hier, wie schwarz sie sind,
Viel schwärzer als das Mohrenkind!
Der Mohr voraus im Sonnenschein,
Die Tintenbuben hintendrein;
Und hätten sie nicht so gelacht,
Hätt' Niklas sie nicht schwarz gemacht.

Mohren (Potenz der Primitiven!) nur aus, weil sie ihn um seinen aufgespannten Schirm, d.h. erigierten Penis beneiden, denn: 'auch der Wilhelm war nicht steif'!"[262] Was hätte wohl Heinrich Hoffmann auf Deutungen diesen oder ähnlichen Inhalts geantwortet? Vielleicht hätte er geschwiegen und sich abgewendet, vielleicht sich amüsiert, vielleicht aber hat er die Entstehungsgeschichte des „Struwwelpeter" in seinen Erinnerungen nicht zuletzt deshalb so ausführlich beschrieben, um den Anfeindungen der ihm auch zu seinen Lebzeiten schon am Zeug flickenden Kritiker zu begegnen.[263] Nach seinen Erinnerungen mag der Autor am Krankenbett eines Kindes gestanden haben, dem er den Puls fühlen und die Temperatur messen will. Dies wird jedoch durch das furchtsame Schreien und Toben des kleinen Patienten verhindert, dessen Ursache in damals wohl üblichen Erziehungsmethoden lag: *„Der Doktor und der Schornsteinfeger sind bei Müttern und bei Pflegerinnen zwei Popanze, um unfolgsame Sprößlinge zu schrecken und zu bändigen. 'Wenn Du zuviel ißt, dann kommt der Doktor und gibt Dir bittere Arznei ...' Was folgt dann? Sowie der Doktor an das Bett des kleinen Patienten tritt, weint, brüllt, schreit dieser mörderisch."*[264] Dem Trick, mit dem Hoffmann die Patienten zu beruhigen suchte, verdankt der spätere Titelheld „Struwwelpeter" seine Geburt: *„Da nahm ich rasch das*

Notizbuch aus der Tasche, ein Blatt wird herausgerissen, ein kleiner Bube mit dem Bleistift schnell hingezeichnet und nun erzählt, wie sich der Schlingel nicht die Haare, nicht die Nägel schneiden läßt; die Haare wachsen, die Nägel werden länger, aber immer läßt er dieselben nicht schneiden, und immer länger zeichne ich Haare und Nägel, bis zuletzt von der ganzen Figur nichts mehr zu sehen ist als Haarsträhne und Nägelklauen. Das frappiert den kleinen Desparaten derart, daß er schweigt, hinschaut, und mittlerweile weiß ich, wie es mit dem Pulse steht, wie seine Temperatur sich verhält ... und der Zweck ist erreicht. "[265]

Doch wie kommt die Figur des „Struwwelpeter" auf die Titelseite eines Kinderbüchleins? – zunächst gar nicht. Denn als Hoffmann in Vorbereitung des Weihnachtsfestes 1844 für seinen Sohn Carl ein Bilderbuch kaufen möchte, da wurden seine Erwartungen vom vorhandenen Angebot nicht erfüllt: *„Ich hatte in den Buchläden allerlei Zeug gesehen, trefflich gezeichnet, glänzend bemalt, Märchen, Geschichten, Indianer- und Räuberszenen; als ich nun gar einen Folioband entdeckte mit den Abbildungen von Pferden, Hunden, Vögeln, von Tischen, Bänken ..., da hatte ich genug. Was soll damit ein Kind, dem man einen Tisch und einen Stuhl abbildet?"*[266] Derart entmutigt entschloß sich Hoffmann, seinem Sohn ein ganz persönliches Geschenk zu bereiten: Er begann mit dem Entwurf eines Bilderbuchs. *„Ich machte mich nun in freien Stunden ohne viel Vorbereitungen ans Werk, hatte aber leider nicht bedacht, daß die Arbeit viel Zeit und Mühe erforderte, und mehrmals verwünschte ich es, die Geschichte angefangen zu haben."* Beim Zeichnen und Texten folgte Hoffmann der Überzeugung, daß ein Kind am einfachsten durch das Auge lernt und nur das begreift, was es sieht: *„Mit moralischen Vorschriften weiß es garnichts anzufangen. Die Mahnung: Sei reinlich! Sei vorsichtig mit dem Feuerzeug und laß es liegen! Sei folgsam! – das alles sind leere Worte für das Kind. Aber das Abbild des Schmutzfinken, des brennenden Kleides, des verunglückenden Unvorsichtigen, das Anschauen allein erklärt sich und belehrt."*[267] So entstanden also mit allerlei Komplikationen, die sich aus dem ungewohnten Umgang mit Tusche und Farbe ergaben, die Bildergeschichten vom „Bösen Friederich", vom „Paulinchen mit dem Feuerzeug", von „Den schwarzen Buben", vom „Wilden Jäger", vom „Daumenlutscher Konrad", vom „Suppen-Kaspar", vom „Zappel-Philipp", vom „Hans Guck-in-die-Luft" und vom „Fliegenden Robert". Daß auch der eigentliche Held und spätere Erfolgsgarant Aufnahme in diese Sammlung fand, beruht auf einem Zufall: *„Als das Buch fertig war bis auf das letzte Blatt, da war auch mein Bilderschatz zu Ende. Was sollte ich nun auf dies letzte leere Blatt bringen? Ei nun, da setzen wir den Struwwelpeter hin! So geschah es, und deshalb stand dieser Bursche in der ersten Auflage des Buches auf der letzten Seite."*[268]

„So war die Struwwelpeterei ein zufälliger häuslicher Scherz für meinen Carl; ist aber allerdings ein öffentlicher in 21 500 ! Exemplaren geworden. Eine französische Ausgabe wird vorbereitet, 2 Nachahmungen sind erschienen, und einem werdenden Druck sind wir auf der Spur. Das letzte gibt mir dann ein gerichtliches Intermezzo, ein zerstreuendes Gaudium."[269]

Die Freude und der Spaß, die das Geschenk seinem Sohn Carl bereitete, blieb Hoffmann natürlich nicht verborgen. Nachdem die übrigen Familienmitglieder ihn bedrängten, die Bildergeschichten doch drucken zu lassen, stellte er das Büchlein im Verlauf eines „Bades im Ganges" der „Tutti Frutti"-Gesellschaft dem anwesenden Buchhändler Carl Friedrich Loening und dessen Partner Joseph Rütten vor. In weinseliger Laune wurden die drei noch nächtens geschäftseinig: „'Meinetwegen! Geben Sie mir 80 Gulden und versuchen Sie Ihr Glück!' ... Löning nahm das Heft, und so war ich nachts 11 Uhr, fast ohne recht zu wissen, was ich getan hatte, mit einem Male ein Jugendliterat geworden!" [270] Die erste Auflage erschien 1845 mit dem Titel „Lustige Geschichten und drollige Bilder mit 15 schön kolorierten Tafeln für Kinder von 3-6 Jahren". Der Autor verbarg sich zunächst hinter dem Pseudonym Reimerich Kinderlieb, in der zweiten Auflage Heinrich Kinderlieb. Mit der fünften Auflage bekannte sich Heinrich Hoffmann zur Urheberschaft.[271] Der "Struwwelpeter", der ja zunächst nur aus Verlegenheit und in Ermangelung weiterer Stoffes Einzug in das Kinderbuch gefunden hatte, wurde nach der Beschreibung Hoffmanns von den Kindern als Titelheld verlangt: „Aber die Kinderwelt traf das Rechte und forderte das Buch einfach: 'Ich will den Struwwelpeter!' Nun rückte das Blatt auf den Ehrenplatz vorn, und der frühere Titel machte dem jetzigen Platz." [272] Die weitere Erfolgsgeschichte des „Struwwelpeter" dokumentiert die Zahl der Auflagen während der 80jährigen Schutzfrist: Die 100. Auflage erschien 1876, die 200. Auflage 1896; in jeweils zwölfjährigem Turnus folgten 1908 die 300. und 1920 die 400. Auflage.[273] Mit dem Ablauf der Schutzfrist 1925 wird die zahlenmäßige Entwicklung dieses Jahrhundertsellers zwar unübersichtlich, doch belegt das Buch für den Originalverlag Rütten und Loening mit der 540. Auflage im Jubiläumsjahr 1994 seine unveränderte Popularität. Für Hoffmann bedeutete dieser Erfolg eine willkommene finanzielle Entlastung – im Januar 1848 war als drittes Kind sein Sohn Eduard geboren worden –, denn sein Jahresgehalt an der Senckenbergischen Anatomie betrug unverändert nur 300 Gulden und die ärztliche Privatpraxis betrieb er mehr als ein nowendiges Übel denn als berufliche Erfüllung. Nach Halle berichtete er folgerichtig im Dezember 1849 in kritischer Beurteilung seiner Schriftstellerei: „Das Gute habe ich wenigstens, daß meine Allotria mir noch Geld eintragen, ca. 6-800 f (Gulden) jährlich. ... Mein Vergnügen trägt mir gewissermaßen Zinsen, und neues Vergnügen." [274] In demselben Brief spielt Hoffmann auf nachfolgende Publikationen an: „Im nächsten Sommer muß ein neues Bilderbuch gezeichnet werden; die souveränen Säuglinge Germaniens verlangen es." [275] So erschienen 1851 die Geschichte von „König Nußknacker und der arme Reinhold", 1854 „Bastian der Faulpelz" und schließlich 1871 „Prinz Grünewald und Perlenfein".

Der Lebensabend – *„bergab, aber bequem"*

„Das Leben des Menschen soll, wenn er alt wird, einer umgekehrten Weberschen Ouvertüre gleichen; während diese mit sanftem Adagio beginnt und mit einem siegreichen Crescendo endet, so soll das Leben mit einem raschen Aufschwung beginnen, und mit einem leise verklingenden Andante schließen. Man nennt dies dann die Weisheit des Alters und der ruhigen Selbstbeschaulichkeit. Ich meinestheils pflege die hergebrachte Frage: 'Wie Geht's?' mit einem freundlichen 'Bergab, aber bequem!' zu beantworten."[276]

Den Zeitpunkt für das Ausscheiden aus dem Berufsleben hielt Hoffmann 1888 für gekommen: *„Mein Gedächtnis war noch unverläßlicher geworden, als es schon immer war, ich konnte die Namen meiner Kranken nicht mehr recht behalten und ebensowenig die des Wärterpersonals. Ich ermüdete rascher, und dann hatte ich seit 37 Jahren in der Anstalt so viel Jammer und Not vor mir gehabt, daß ich begründete Sehnsucht nach stillerer und glücklicherer Umgebung verspürte. So entschloß ich mich, bei dem städtischen Magistrat um meine Entlassung ... einzukommen."*[277] Nach der Pensionierung, die ihm zum 1. Juli 1888 bewilligt wurde, stand Hoffmanns letzter Wohnungswechsel an. Zusammen mit der Tochter Caroline und deren Kindern verbrachte das Ehepaar Hoffmann den Lebensabend im Grüneburgweg Nr. 95 in unmittelbarer Nähe der Irrenanstalt. Trotz der Erfüllung, die er im Beruf gefunden hatte, bedeutete der Eintritt in den Ruhestand für Hoffmann kein Problem: *„Manche, und ich selbst zuweilen, hatten gefürchtet, daß die Arbeitslosigkeit mir als Langeweile und Verstimmung schwer fallen würde. Es war aber nicht so. Mit der Medizin hatte ich gänzlich abgeschlossen."*[278] Neben der Abfassung seiner „Lebenserinnerungen" beschäftigte sich Hoffmann intensiv mit der Lektüre kulturhistorischer Bücher. Den täglichen Besuch im Bürgerverein nutzte er, um das reiche Informationsangebot an Zeitungen und Druckschriften wahrzunehmen; obligatorisch dabei die Tasse Kaffee und die Zigarre.[279] Herausragende Ereignisse in jenen Jahren nach der Pensionierung waren der achtzigste Geburtstag Hoffmanns, aus dessen Anlaß ihm von Kaiser Wilhelm II. der Rote Adlerorden III. Klasse verliehen wurde sowie die Goldene Hochzeit des Ehepaars Hoffmann am 5. März 1890. Die Vielzahl der Gratulanten, die aus diesen Anlässen den Weg zu den Jubilaren fanden, bestätigen das Urteil über Hoffmann als einem beliebten und verdienten Bürger der Stadt. Die Reden, mit denen er sich bei den Gästen bedankte, belegen, daß Hoffmann bis ins hohe Alter Witz und Humor bewahrt hatte: *„Der Frohsinn des Greises ist der selbstloseste und dauerndste. Er hat die Probe des Lebens bestanden."*[280]

Heinrich Hoffmann.
Bleistiftzeichnung
von Eugen Klimsch,
11. April 1894.

Die Niederschrift der „Lebenserinnerungen" stellt den Versuch Hoffmanns dar, über sein Leben Rechenschaft abzulegen. Dabei hatte er das Vermächtnis seines Vaters vor Augen: „Nur der, welcher nach Selbstveredlung strebt, ist auf dem Wege zur wahren Freiheit, und den auf seine geistige Kraft gestützten, selbständigen Mann verwunden die Dornen nicht, die er auf dem Lebensweg überschreiten muß. Darum bitte ich Dich, wende Deine Zeit so an, daß Du dieses hohe Ziel erreichst und im Dienste der Menschheit Deine Pflicht erfüllen kannst. Ich habe alle Hoffnung, daß du den Weg dahin nicht verfehlen wirst."[281] Die Fragen: *„Habe ich nun seiner Hoffnung entsprochen? Wäre er zufrieden, wenn er mir jetzt am Ziele der Reise begegnen könnte, habe ich das erreicht, was er wünschte?"* beantwortete er: *„Mit aller Bescheidenheit kann ich wohl sagen: Ich glaube, es ist so!"* [282]

Das Andenken an Heinrich Hoffmann in Frankfurt am Main

*„Wenn ich so berühmt geworden wäre, daß man mir
Gedenktafeln an meinen einstigen früheren
Wohnorten wollte anbringen lassen, so wäre das eine
kostspielige und viel Marmor verbrauchende Arbeit.
Ich gratuliere der Stadt, daß sie solcher Ausgaben
überhoben ist."* [283]

Diese Gratulation war verfrüht. Sowohl die Stadt Frankfurt als auch private Initiativen bewahren das Andenken an diesen großen Sohn der Stadt. Drei Gedenktafeln erinnern an den Lebensweg Heinrich Hoffmanns: An dem Standort seines Geburtshauses in unmittelbarer Nähe der heutigen Freßgasse,[284] am Haus Hochstraße 45, in dem von 1982 bis 1993 das „Struwwelpeter-Museum" residierte,[285] und am Haus Grüneburgweg 95, in dem er den Lebensabend verbrachte.

Darüberhinaus sind mit dem „Struwwelpeter-Museum"[286] und dem „Heinrich-Hoffmann-Museum"[287] gleich zwei Einrichtungen vorhanden, die, wenn auch nicht als städtische Institutionen betrieben, dennoch vom Kulturhaushalt der Stadt profitieren und das Gedenken an den Arzt und Literaten pflegen. Für die Forschung wird im „Struwwelpeter-Museum – Sammlung der Originale Dr. Heinrich Hoffmanns" der Nachlaß Hoffmanns verwaltet und aufbereitet. Sichtbarstes Ergebnis dieser Nachlaßpflege ist die Veröffentlichung der Werke und Schriften Heinrich Hoffmanns in einer mehrbändigen Reihe: „Lebenserinnerungen" (1985), „Humoristische Studien und Satiren" (1986), „Gesammelte Gedichte, Zeichnungen und Karikaturen" (1987), „Schriften zur Psychiatrie" (1990).

*Noch im Todesjahr Heinrich Hoffmanns gestiftet, wurde die von
Eduard Staniek angefertigte Hoffmann-Medaille erst im Jahre 1900
ausgegeben.*

„Struwwelpeter"-Brunnen im Stadionbad.

Im „Heinrich-Hoffmann-Museum" liegt der Sammlungsschwerpunkt auf der vergleichenden Auswertung von Kinderliteratur. Mit einer Vielzahl von Ausstellungen wird die Entstehungsgeschichte des „Struwwelpeter" untersucht, [288] Heinrich Hoffmann als Autor gewürdigt [289] und die Rezeptionsgeschichte des „Struwwelpeter" aufgezeigt. [290]

An den Stadtrand, ins Stadionbad, mußte man sich bis Mitte der achtziger Jahre begeben, um den „Struwwelpeter"-Brunnen zu besichtigen. Zwar hatte schon 1910 ein „Comité zur Errichtung eines Gedenkbrunnens für Dr. Heinrich Hoffmann" den Schwanheimer Bildhauer Johann Josef Belz mit dem Bau eines Brunnens beauftragt – nach zähen Verhandlungen um die Finanzierung 1923 fertiggestellt –, doch bedurfte es mehrjähriger Diskussionen, bis man sich auf den Standort im gerade errichteten Stadionbad geeinigt hatte. Dort wurde der Brunnen am 6. Juli 1929 mit der Inschrift „Dem Dichter und Arzt Heinrich Hoffmann" eingeweiht. [291]

Für nicht weniger Diskussionsstoff sorgten die Pläne für einen zweiten „Struwwelpeter"-Brunnen als Teil der Frankfurter Brunnenachse entlang der Zeil und Freßgasse. Plötzlich aber geriet mit diesem Brunnen auch das Gedenken an Heinrich Hoffmann als dem Autor des „Struwwelpeter" ins Kreuzfeuer der Kritik. Die Vorbehalte, in seitenlangen Leserbriefen formuliert, gipfelten im Vorwurf an den „Struwwelpeter"-Autor, sadistisches Gedankengut verbreitet zu haben. Doch auch die Anhänger Heinrich Hoffmanns blieben nicht untätig. Schließlich konnte am 23. August 1985 der von Franziska Lenz-Gerharz geschaffene Brunnen an der Hauptwache übergeben werden. [292]

Heinrich Hoffmann – Ein Leben für die Irren

Mehr als ein halbes Jahrhundert hat Heinrich Hoffmann in der Gesundheits-
fürsorge der Stadt Frankfurt am Main gewirkt. Er tat dies in verantwortungsvollen
Positionen und stets mit dem Anspruch, für die Menschen – die Kranken, die
Schwachen, die Alten, die Irren – eine bestmögliche Lebenssituation und
Umgebung zu schaffen. Selbstlosigkeit und Pflichterfüllung, das waren die ent-
scheidenden Charaktereigenschaften und von ihm sich selbst auferlegte
Anforderungen, nach denen er strebte und handelte. Daß diese Tugenden keine
Absage an Lebensfreude und Lebensgenuß bedeuten, belegt die Rückschau auf die
Biographie Heinrich Hoffmanns.

1994 jähren sich in runden Zahlen zwei markante Daten seiner Vita: Die ein-
hundertfünfzigste Wiederkehr der „Geburt" des „Struwwelpeter" sowie der ein-
hundertste Todestag seines Schöpfers. In Anbetracht der Unsterblichkeit, die das
Andenken Hoffmanns durch den „Struwwelpeter" erlangt hat, darf nicht das
Lebenswerk des Arztes Hoffmann in Vergessenheit geraten: Sein nimmermüder
und erfolgreicher Einsatz für den Bau einer neuen Irrenanstalt vor der Stadt, auf
dem Affensteiner Feld.

„Der Wahnsinnige im Irrenhaus"

O Gott der Gnade! – Wehe mir! – Schon wieder
in's Haupt lenkst Du des Tages lichten Strahl,
Es weicht der Traum, es öffnen sich die Lider,
Ich sehe, – doch ich seh' der eignen Qual
Unmenschlich Elend! – In des Wahnsinns Tiefen
Hab' ich gerungen ächzend schweren Streit.
Ist dies Genesung? Nein! Als ob sie schliefen,
Ruh'n tückisch nur die Geister kurze Zeit.

Und draußen steht die Welt im Schmuck der Blüten,
Und draußen jauchzt die freigewordne Lust;
Die Liebe hegt den armen Lebensmüden,
Des Freundes Haupt ruht an des Freundes Brust.
Auch ich hab' Freunde, die es redlich meinen,
Doch scheucht von dieser Stätte sie die Scheu;
Sie werden mich beklagen, mich beweinen,
Vergessen dann; es endet hier die Treu'.

Rings um mich Weh in kalten, grauen Mauern! -
Dort rast in ihren Fesseln tolle Wut!
Und hier des Trübsinns angstverwirrtes Trauern
Bricht in verzweifelt Jammern aus. – Die Glut
Des Blicks erloschen, öde die Gedanken,
Schläft dort der Geist in Blödsinns dunkler Nacht.
Heil, wer gesundet! – Ach, und Heil dem Kranken;
Doch wehe dem, der kurze Zeit erwacht!

Ja, faßt mich wieder, grimmige Gewalten!
Verwirrt den Sinn mir! Lügt mir Bilder vor!
Da nehmt mich hin, – doch um mich zu behalten!
Verschließt dem Lichte künftighin das Tor!
Wird mir der Himmel milde Wahrheit geben,
Wenn ich die Erde grausam lügen seh'?
Zeigt mir die Welt nicht mehr, nicht mehr das Leben!

Gestorben leben tut so gräßlich weh'.
Ihr aber, ihr in freier Kraft Gesunden,
Die ihr die Tage gern und voll genießt,
Daß euch der Freudenbecher, statt zu munden,
An müden Lippen schäumend überfließt!
Ihr schmückt der Toten Gräber mit Zypressen,
Mit Marmorsäulen und mit Blumenzier! –
Und der Lebend'gen Grab wollt' Ihr vergessen?
O schmückt die Öde dieses Grabes hier! 293

... und Witz

„Ein Epitaph für die Leser"

Und die, die nun gelesen haben
Dies Büchlein bis zu diesem Schluß,
Die fühlen sich wohl wie begraben
In Langweil und in Überdruß.
Mir ist es leid, doch mein die Schuld nicht;
Ich habe mir dies gleich gedacht.
Ich selber hätte die Geduld nicht,
Und hätt das Buch längst zugemacht.

Noch eins

Da waren andre weidlich klüger;
Die haben kaum hineingeblickt,
Da wirkt das Chloroform der Bücher;
Sie sind behaglich eingenickt;
Sie träumen wohl viel fein're Sachen,
Und feilen spitziger das Wort;
Doch leider sind, wenn sie erwachen,
Die abgeschoss'nen Pfeile fort.294

Anmerkungen

1 Max Kruse, „Sieh einmal, hier steht er" – Heinrich Hoffmann und sein Struwwelpeter, in: Hans Sarkowicz (Hrsg.), Die großen Frankfurter, Frankfurt am Main 1994, S. 163 – 171, hier S. 171.

2 Heinrich Hoffmann in der Einleitung zu seinen „Lebenserinnerungen", zitiert nach: Vorwort von Eduard Hessenberg (1926), in: G.H. Herzog/Helmut Siefert (Hrsg.), Heinrich Hoffmann. Lebenserinnerungen, Frankfurt am Main 1985, S. 7.

3 G.H. Herzog/Helmut Siefert (Hrsg.), Heinrich Hoffmann. Lebenserinnerungen, Frankfurt am Main 1985, S. 24 (fortan zitiert: Heinrich Hoffmann, Lebenserinnerungen, a.a.O.).

4 Vergleiche Wolfgang Klötzer, Frankfurt am Main von der Französischen Revolution bis zur preußischen Okkupation 1789-1866, in: Frankfurter Historische Kommission (Hrsg.), Frankfurt am Main. Die Geschichte der Stadt in neun Beiträgen (=Veröffentlichungen der Frankfurter Historischen Kommission XVII), Sigmaringen 2/1994, S. 303-348, hier S. 310.

5 Zur Genealogie der Familie Hoffmann siehe Heinz F. Friederichs/Georg Itzerott, „Struwwelpeter"-Hoffmanns Ahnen und Sippengefüge in soziologischer und biologischer Schau, Frankfurt am Main 1954 (= Sonderdruck aus: Hessische Familienkunde, Bd. 3).

6 Heinrich Hoffmann, Lebenserinnerungen, a.a.O., S. 20.

7 Philipp Jacob Hoffmann, Die Anlage einer neuen Wasserleitung für die Stadt Frankfurt, Frankfurt am Main 1827.

8 Zur Genealogie der Familie Lausberg siehe: Heinz F. Friederich/Georg Itzerott, „Struwwelpeter"-Hoffmanns Ahnen und Sippengefüge, a.a.O., S. 12 ff.

9 Heinrich Hoffmann, Lebenserinnerungen, a.a.O., S. 29 f.

10 Ebenda, S. 31.

11 Ebenda, S. 37.

12 Ebenda, S. 53.

13 Ebenda, S. 52.

14 Ebenda.

15 Ebenda, S. 53.

16 Ebenda, S. 55.

17 Ebenda, S. 22. Außerdem bescheinigt Hoffmann in seinen Lebenserinnerungen dem Vater, der „durch seine Bauten und seine sonstigen Privatarbeiten ein nicht unbedeutendes Geld mußte gewonnen haben", daß er nicht haushälterisch damit umgehen konnte, ebenda, S. 30.

18 Ebenda, S. 54.

19 Ebenda, S. 65 f.

20 Ebenda, S. 66.

21 Ausführlich geschildert von Werner Constantin von Arnswaldt, Aus der Geschichte der Familie Varrentrapp, Frankfurt am Main 1908, S. 83 ff.

22 Vergleiche Karl Demeter, Die Frankfurter Loge zur Einigkeit 1742-1966. Ein Beitrag zur deutschen Geistes- und Sozialgeschichte, Frankfurt am Main 1966, S. 103; S. 169.

23 Heinrich Hoffmann, Lebenserinnerungen, a.a.O., S. 80. Die Flucht Körners schildert Ludwig Börne in seinen Briefen aus Paris: I. und P. Rippmann (Hrsg.), Ludwig Börne, Sämtliche Schriften, Bd. 3, S. 1042.

24 Heinrich Hoffmann, Lebenserinnerungen, a.a.O., S. 84. Seine Studienzeit in Halle beschreibt Hoffmann ausführlich auf der Grundlage des überlieferten Briefwechsel mit seinem Vater, ebenda, S. 70-86.

25 Ebenda, S. 87.

26 Ebenda, S. 96.

27 Ebenda, S. 93.

28 Ebenda, S. 94.

29 Ebenda, S. 99.

30 Ebenda, S. 93.

31 Ebenda, S. 131.

32 Ebenda, S. 95.

33 Zitiert nach: Wilhelm Kallmorgen, 700 Jahre Heilkunde in Frankfurt am Main, Frankfurt am Main 1936, S. 93.

34 Siehe: Statuten der Armenklinik zu Frankfurt am Main in der Fassung von 1852.

35 Über Friedrich Ludwig Krahmer: Heinrich Hoffmann, Lebenserinnerungen, a.a.O., S. 76; S. 313.

36 Zitiert nach: H. Kraske/A. de Bary, Briefe Heinrich Hoffmanns an einen Jugendfreund, in: Otto Ruppersberg (Hrsg.), Archiv für Frankfurts Geschichte und Kunst, Vierte Folge, Fünfter Band, Erstes Heft, Frankfurt am Main 1938, S. 65.

37 Nach: Statuten der Armenklinik zu Frankfurt am Main in der Fassung von 1852.

38 Zahlen geschätzt nach einer Gesamtaufstellung für den Zeitraum von 1834 bis 1853, gedruckt in: Heinrich Meidinger, Frankfurts gemeinnützige Anstalten. Eine historisch-statistische Darstellung der milden Stiftungen, Wittwen und Waisen-, Hülfs- und Sparkassen, Vereine, Schulen etc., Zweiter Teil, Frankfurt am Main 1856, S. 37 f.

39 Nach: Gunter Mann, Senckenbergs Stiftung und die Frankfurter Republik der Ärzte im 19. Jahrhundert (= Vortrag, gehalten am 15. November 1972, zum 200. Todestag Johann Christian Senckenbergs), in: Medizinhistorisches Journal 7 (1972), S. 244-263, hier S. 249 ff.

40 Zitiert nach: H. Kraske/A. de Bary, Briefe Heinrich Hoffmanns an einen Jugendfreund, a.a.O., S. 70.

41 Statuten der Armenklinik zu Frankfurt am Main, a.a.O., § 15.

42 Johann Christian Senckenberg, Stiftungs-Briefe zum Besten der Artzneykunst und Armenpflege ..., Frankfurt am Main 1770, S. 44, zitiert nach Gunter Mann, Senckenbergs Stiftung, a.a.O., S. 250.

43 Ausführlich schildert Gustav Adolf Spiess in seiner Rede aus Anlaß des 25jährigen Jubiläums des Ärztlichen Vereins 1870 die Vorgeschichte des Vereins, abgedruckt in der Festschrift des Ärztlichen Vereins (Hrsg.), 50jähriges Jubiläum des Aerztlichen Vereins zu Frankfurt am Main, Frankfurt am Main 1895, S. 5-23, hier S. 6 ff.

44 Gustav Adolf Spiess (1802-1875), 1824 in die Frankfurter Ärzteschaft aufgenommen.

45 Gustav Adolf Spiess in seiner Rede aus Anlaß des 25jährigen Jubiläums des Ärztlichen Vereins 1870 , a.a.O., S. 9.

46 Die weiteren Gründungsmitglieder des Ärztlichen Vereins waren: Theodor Friedrich Kestner, Christian Ernst Neef, Michael Wilhelm Reiß, Valentin Christian Müller, Johann Peter Pfefferkorn, Johann Balthasar Lorey, Anselm Wolff, Heinrich Franz Rosalino, Daniel Fiedler und Bernhard Joseph Ehemant, nach: Mitglieder des Aerztlichen Vereins in den Jahren 1845-1895. Nach den Protokollen und nach den Jahresberichten zusammengestellt von Dr. med. Leopold Laquer, in: Festschrift des Ärztlichen Vereins (Hrsg.), 50jähriges Jubiläum des Aerztlichen Vereins zu Frankfurt am Main, Frankfurt am Main 1895, S. 49 f.

47 Gustav Adolf Spiess in seiner Rede aus Anlaß des 25jährigen Jubiläums des Ärztlichen Vereins 1870 , a.a.O., S. 11 f.

48 Über die Entwicklung des Ärztlichen Vereins zur Standesvertretung der Ärzte siehe Helmut Flehr, Geschichte des Ärztlichen Vereins in Frankfurt am Main und sein standespolitisches Wirken, Inauguraldissertation, Mainz 1982.

49 Ebenda, S. 14.

50 Ebenda, S. 17.

51 Jahresberichte über die Verwaltung des Medicinalwesens..., die Krankenanstalten und die öffentlichen Gesundheitsverhältnisse der freien Stadt Frankfurt, 8 (1864), S. 164, zitiert nach: Gunter Mann, Senckenbergs Stiftung und die Frankfurter Republik der Ärzte , a.a.O., S. 255.

52 Vgl. Wilhelm Kallmorgen, 700 Jahre Heilkunde in Frankfurt am Main, 1936, hier S. 165 ff., Ärztlicher Verein zu Frankfurt am Main.

53 Werner Constantin von Arnswaldt, Aus der Geschichte der Familie Varrentrapp, Frankfurt am Main 1908, S. 100.

54 Jahresberichte über die Verwaltung des Medicinalwesens, 1886, S. 281, zitiert nach: Victor Cnyrim, Festrede zum 50jährigen Jubiläum des Aerztlichen Vereins zu Frankfurt am Main, gehalten am 3. November 1895, S. 30.

55 Über die weitere Entwicklung der städtischen Medizinalverfassung, insbesondere die Rolle der führenden Mitglieder des Ärztlichen Vereins, so von Johann Georg Varrentrapp und von Alexander Spiess, siehe Thomas Bauer, 'der stede arzt' – Stadt und Gesundheit in Frankfurt am Main vom Mittelalter bis zur Neuzeit, in: Stadtgesundheitsamt (Hrsg.), Vom stede arzt zum Stadtgesundheitsamt. Die Geschichte des öffentlichen Gesundheitswesens in Frankfurt am Main, von Thomas Bauer, Heike Drummer und Leoni Krämer, Frankfurt am Main 1992, S. 11-50, hier S. 40 ff.

56 Gustav Adolf Spiess in seiner Rede aus Anlaß des 25jährigen Jubiläums des Ärztlichen Vereins 1870 , a.a.O., S. 17.

57 Ebenda, S. 21.

58 Victor Cnyrim, Festrede zum 50jährigen Jubiläum des Aerztlichen Vereins zu Frankfurt am Main, gehalten am 3. November 1895, S. 43.

59 Ausführlich beschrieben ist der Verlauf des 50jährigen Stiftungsfestes des Ärztlichen Vereins im Jahresbericht über die Verwaltung des Medicinalwesens, die Krankenanstalten und die öffentlichen Gesundheitsverhältnisse der Stadt Frankfurt am Main, 39 (1895), S. 235.

60 Heinrich Hoffmann in einem Brief an Ludwig Krahmer am 24.05.1847, zitiert nach: H. Kraske/A. de Bary, Briefe Heinrich Hoffmanns an einen Jugendfreund, a.a.O., S. 70.

61 Ebenda, S. 69.

62 So noch beschrieben im „Bericht über das Einhundertjährige Jubelfest der Dr. Senckenbergischen Stiftung für Arzneikunde und Krankenpflege", hrsg. von der Stiftungsadministration, Frankfurt am Main 1863, S. 7.

63 Wilhelm Kallmorgen, Siebenhundert Jahre Heilkunde in Frankfurt am Main, a.a.O., S. 144. Das Gebäude der Senckenbergischen Anatomie wurde 1916 abgerissen.

64 Ebenda.

65 Zitiert nach: Hans Frick, Zweihundert Jahre Dr. Senckenbergische Anatomie, ein Rückblick und Ausblick, in: Administration der Dr. Senckenbergischen Stiftung (Hrsg.), Festansprachen anläßlich der 200-Jahrfeier der Dr. Senckenbergischen Stiftung am 16.11.1963, Frankfurt am Main 1963, S. 37-45, hier S. 38 f.

66 Ebenda, S. 39.

67 Wilhelm Kallmorgen, Siebenhundert Jahre Heilkunde in Frankfurt am Main, a.a.O., S. 144 f.

68 Heinrich Hoffmann, Lebenserinnerungen, a.a.O., S. 175.

69 Heinrich Hoffmann, Anstalt für Irre und Epileptische, in: Alexander Spiess (Bearb.), Frankfurt am Main in seinen hygienischen Verhaeltnissen und Einrichtungen, Frankfurt am Main 1881, S. 333-340, hier S. 334.

70 Zur Vorgeschichte der Irrenfürsorge von der Antike bis zum Mittelalter vergleiche den Überblick bei Dieter Jetter, Grundzüge der Geschichte des Irrenhauses, Darmstadt 1981, hier S. 2-14.; überblicksartig auch bei Dagmar Braum, Vom Tollhaus zum Kastenhospital. Ein Beitrag zur Geschichte der Psychiatrie in Frankfurt am Main, Hildesheim 1986, S. 13 f.

71 Über den Wandlungsprozeß der Irrenbetreuung von einem Einzel- zum Massenphänomen vergleiche Dirk Blasius, Der verwaltete Wahnsinn. Eine Sozialgeschichte des Irrenhauses, Frankfurt am Main 1980, insbesondere Kapitel II, Irre und Irrenhäuser in der frühen bürgerlichen Gesellschaft, S. 20 ff.

72 Dieter Jetter, Grundzüge der Geschichte des Irrenhauses, a.a.O., S. 10.

73 Michel Foucault, Wahnsinn und Gesellschaft. Eine Geschichte des Wahns im Zeitalter der Vernunft, Frankfurt am Main 8/1989, S. 19-67, hier S. 26.; für Frankfurt beschreibt diese Praxis Georg Ludwig Kriegk, Die Geisteskranken und ihre Behandlung, in: Ders., Deutsches Bürgerthum im Mittelalter, Kapitel III, Neue Folge, Frankfurt am Main 1871, hier S. 59 f.

74 Georg Ludwig Kriegk, Aerzte, Kranke, Heilanstalten im mittelalterlichen Frankfurt am Main, Frankfurt am Main 1863, S. 16 f.

75 Dieter Jetter, Grundzüge der Geschichte des Irrenhauses, a.a.O., S. 11.

76 Georg Ludwig Kriegk, Deutsches Bürgerthum im Mittelalter, a.a.O., S. 61 f.

77 aus: Kaiserlich Reichshofraths-Conclusum, den Almosen-Kasten betreffend, 29. Juli 1735, zitiert nach: Vollständige Sammlung der Kaiserlichen in Sachen Frankfurt contra Frankfurt ergangenen Resolutionen und anderen dahin einschlagender Stadt-Verwaltungs-Grund-Gesetzen, hrsg. von Christoph Sigismund Müller, Zweite Abteilung, Frankfurt am Main 1777, S. 200 f.

78 einen Überblick über die Frühgeschichte der Irrenfürsorge in Frankfurt gibt Dagmar

Braum, Vom Tollhaus zum Kastenhospital. Ein Beitrag zur Geschichte der Psychiatrie in Frankfurt am Main, a.a.O., S. 15 ff.

79 Zur Baugeschichte des Tollhauses vergleiche ebenda, S. 21 – 26, hier S. 23.

80 aus: Kaiserlich Reichshofraths-Conclusum, den Almosen-Kasten betreffend, 29. Juli 1735, zitiert nach: Vollständige Sammlung der Kaiserlichen in Sachen Frankfurt contra Frankfurt ergangenen Resolutionen und anderen dahin einschlagender Stadt-Verwaltungs-Grund-Gesetzen, hrsg. von Christoph Sigismund Müller, a.a.O., S. 201.

81 Zitiert nach: Dagmar Braum, Vom Tollhaus zum Kastenhospital. Ein Beitrag zur Geschichte der Psychiatrie in Frankfurt am Main, a.a.O., S. 38 f.

82 Instruction des Glöckners zu St. Katharinen, wie auch Hauß- und Pfleg-Vaters der wahnsinnig- und tollen Leuten in dem hiesigen Tollhaus, Frankfurt am Main 1735.

83 Johann Heinrich Faber, Topographische, politische und historische Beschreibung der Reichs- Wahl- und Handelsstadt Frankfurt am Mayn, Bd. 1, Frankfurt am Main 1788, S. 184.

84 Zitiert nach: Dagmar Braum, Vom Tollhaus zum Kastenhospital. Ein Beitrag zur Geschichte der Psychiatrie in Frankfurt am Main, a.a.O., S. 24.

85 Ebenda, S. 26 f.

86 Frankfurter Gemeinnützige Chronik, Erster Jahrgang, No. 1, 1841, S. 17 f.

87 Bericht über den gegenwärtigen Zustand der Anstalt für Irre und Epileptische zu Frankfurt am Main (1853), zitiert nach: Helmut Siefert/G.H. Herzog (Hrsg.), Heinrich Hoffmann. Schriften zur Psychiatrie, (folgend zitiert: Heinrich Hoffmann, Schriften zur Psychiatrie), Frankfurt am Main 1990, S. 37 f.

88 Johann Heinrich Faber, Topographische, politische und historische Beschreibung..., a.a.O., S. 185.

89 Wilhelm Stricker, Die Geschichte der Heilkunde und der verwandten Wissenschaften in der Stadt Frankfurt am Main, Frankfurt am Main 1847, S. 150.

90 Heinrich Hoffmann, Anstalt für Irre und Epileptische, in: Alexander Spiess (Bearb.), Frankfurt am Main in seinen hygienischen Verhaeltnissen und Einrichtungen, a.a.O., S. 334.

91 Zur Baugeschichte des Kastenhospitals vergleiche Dagmar Braum, Vom Tollhaus zum Kastenhospital. Ein Beitrag zur Geschichte der Psychiatrie in Frankfurt am Main, a.a.O., S. 26 ff.

92 zur Baugeschichte der Anstalt für Epileptiker vergleiche Dagmar Braum, Vom Tollhaus zum Kastenhospital. Ein Beitrag zur Geschichte der Psychiatrie in Frankfurt am Main, a.a.O., S. 30 ff.

93 Didaskalia, No. 102, 1826, zitiert nach: Evelyn Hils, Johann Friedrich Christian Hess. Stadtbaumeister des Klassizismus in Frankfurt am Main von 1816-1845, Frankfurt am Main 1988, S. 217 f.

94 Zitiert nach: H. Kraske/A. de Bary, Briefe Heinrich Hoffmanns an einen Jugendfreund, a.a.O., S. 67.

95 Heinrich Hoffmann, Lebenserinnerungen, a.a.O., S. 181.

96 Heinrich Hoffmann, Anstalt für Irre und Epileptische, in: Alexander Spiess (Bearb.), Frankfurt am Main in seinen hygienischen Verhaeltnissen und Einrichtungen, a.a.O., S. 334.

97 Heinrich Hoffmann, Lebenserinnerungen, a.a.O., S. 181.

98 Die Physiologie der Sinnes-Hallucinationen. Ein Vortrag in der öffentlichen Versammlung der Senckenbergischen Naturforschenden Gesellschaft, 4. Mai 1851, nach: Heinrich Hoffmann, Schriften zur Psychiatrie, a.a.O., S. 12 ff.

99 Heinrich Hoffmann, Lebenserinnerungen, a.a.O., S. 181.

100 Zitiert nach: H. Kraske/A. de Bary, Briefe Heinrich Hoffmanns an einen Jugendfreund, a.a.O., S. 75.

101 Heinrich Hoffmann, Anlage „C" zum „Bericht über den gegenwärtigen Zustand der Anstalt für Irre und Epileptische zu Frankfurt am Main, hrsg. vom Pflegamt Frankfurt, Oktober 1853, zitiert nach: Heinrich Hoffmann, Schriften zur Psychiatrie, a.a.O., S. 49-66, hier S. 51.

102 Heinrich Hoffmann, Lebenserinnerungen, a.a.O., S. 182.

103 Ebenda, S. 188.

104 So auch Helmut Siefert in: Heinrich Hoffmann, Schriften Zur Psychiatrie, a.a.O., S. 33 f.

105 Anlage „C" zum „Bericht über den gegenwärtigen Zustand der Anstalt für Irre ...", a.a.O., S. 50.

106 Ebenda, S. 52 ff.

107 Ebenda, S. 58.

108 Ebenda, S. 62.

109 Ebenda, S. 63.

110 Ebenda.

111 Ebenda, S. 64.

112 Heinrich Hoffmann, Lebenserinnerungen, a.a.O., S. 181.

113 Anlage „C" zum „Bericht über den gegenwärtigen Zustand der Anstalt für Irre ...", a.a.O., S. 64.

114 Ebenda, S. 65.

115 Ebenda.

116 Heinrich Hoffmann, Lebenserinnerungen, a.a.O., S. 189.

117 Anlage „C" zum „Bericht über den gegenwärtigen Zustand der Anstalt für Irre ...", a.a.O., S. 53.

118 Bericht über den gegenwärtigen Zustand der Anstalt für Irre ..." , a.a.O., S. 38 f.

119 Anlage „C" zum „Bericht über den gegenwärtigen Zustand der Anstalt für Irre ...", a.a.O., S. 53.

120 Ebenda, S. 54.

121 Ebenda, S. 55.

122 Heinrich Hoffmann, Lebenserinnerungen, a.a.O., S. 190.

123 „Bericht über den gegenwärtigen Zustand der Anstalt für Irre ...", a.a.O., S. 41.

124 Zitiert nach: Dagmar Braum, Vom Tollhaus zum Kastenhospital. Ein Beitrag zur Geschichte der Psychiatrie in Frankfurt am Main, a.a.O., S. 140.

125 Christian Friedrich Wilhelm Roller, Bericht an das Pflegamt der Stadt Frankfurt vom

2. Januar 1852, zitiert nach: Heinrich Hoffmann, Schriften zur Psychiatrie, a.a.O., S. 69.

126 Ebenda, S. 71.

127 Anlage „C" zum „Bericht über den gegenwärtigen Zustand der Anstalt für Irre ...", a.a.O., S. 66.

128 Ebenda, S. 50.

129 Ebenda, S. 51.

130 Ausführlich ist die Kampagne von Hoffmann in seinen Lebenserinnerungen beschrieben, a.a.O., S. 191 ff.

131 Heinrich Meidinger, Frankfurts gemeinnützige Anstalten. Eine historisch-statistische Darstellung der milden Stiftungen, Wittwen und Waisen-, Hülfs- und Sparkassen, Vereine, Schulen etc., Zweiter Teil, Frankfurt am Main 1856, S. 23.

132 Das Pflegamt des Hospitals zum heiligen Geist an das Pflegamt der Anstalt für Irre und Epileptische, Frankfurt am Main 3. Mai 1858, zitiert nach: Bericht des Pflegamts der Anstalt für Irre und Epileptische, Nr. 23, Februar 1859, S. 4.

133 Ebenda, S. 4 f.

134 Testament des Freiherrn von Wiesenhüttten vom 27. September 1858, zitiert nach: Bericht des Pflegamts der Anstalt für Irre und Epileptische, Nr. 23, Februar 1859, S. 6.

135 Heinrich Hoffmann, Lebenserinnerungen, a.a.O., S. 111.

136 Heinrich Hoffmann an Ignaz Creizenach, 2. September 1854, zitiert nach: Heinrich Hoffmann, Schriften zur Psychiatrie, a.a.O., S. 75 ff.

137 gemäß der 1833 für die Anstalt für Irre und Epileptische erlassenen Statuten konnten nur aufgenommen werden: „hießige zu einer der drei christlichen Religionen gehörige Personen", zitiert nach: Wilhelm Stricker, Die Geschichte der Heilkunde, a.a.O., S. 153.

138 Zur Geschichte des Versorgungshauses und Wiesenhüttenstiftes überblicksartig: Dore Struckmeier-Schubert, Versorgungshaus und Wiesenhüttenstift. Stiftung des öffentlichen Rechts, hrsg. zum 175jährigen Bestehen der Stiftung, Frankfurt am Main 1992.

139 Stiftungs- und Verwaltungsordnung der Anstalt für Irre und Epileptische, zitiert nach: Gesetzes- und Statutensammlung der Freien Stadt Frankfurt, 16. Band, 23. 12 1862 – 3.07.1866, Frankfurt am Main 1866, S. 43-53, hier S. 47 f.

140 Heinrich Hoffmann am 28. November 1858 an Ludwig Krahmer, zitiert nach: H. Kraske/A. de Bary, Briefe Heinrich Hoffmanns an einen Jugendfreund, a.a.O., S. 76.

141 Heinrich Hoffmann, Lebenserinnerungen, a.a.O., S. 195 f.

142 Ebenda, S. 196.

143 Philipp Jacob Hoffmann, Die Anlage einer neuen Wasserleitung für die Stadt Frankfurt, Frankfurt am Main 1827, S. 31.

144 Heinrich Hoffmann, Lebenserinnerungen, a.a.O., S. 197.

145 Ebenda.

146 Ebenda, S. 198.

147 Ernst Oskar Pichler, Das neue Irrenhaus zu Frankfurt am Main, in: Förstersche Bauzeitung, Wien 1863, S. 4.

148 Zitiert nach: Heinrich Hoffmann, Ist die neuerbaute Irren-Anstalt zu groß?, in: Volksfreund für das mittlere Deutschland, Nr. 125 und 126, Frankfurt am Main am 18.10. und

20.10.1861.

149 Heinrich Hoffmann vor dem Gesetzgebenden Körper als Sachverständiger zur Erläuterung der Neubaupläne für die Irrenanstalt, zitiert nach: Heinrich Hoffmann, Schriften zur Psychiatrie, a.a.O., S. 75.

150 Zitiert nach: Heinrich Hoffmann, Ist die neuerbaute Irren-Anstalt zu groß?, a.a.O.

151 Ernst Oskar Pichler, Das neue Irrenhaus zu Frankfurt am Main, a.a.O., S. 4.

152 Heinrich Hoffmann, Ist die neuerbaute Irren-Anstalt zu groß?, a.a.O.

153 Ebenda.

154 Ebenda.

155 Ebenda.

156 Ernst Oskar Pichler, Das neue Irrenhaus zu Frankfurt am Main, a.a.O., S. 4.

157 Ebenda, S. 6.

158 Heinrich Hoffmann, Ist die neuerbaute Irren-Anstalt zu groß?, a.a.O.

159 Heinrich Hoffmann, Über Schutz und Verschluss der Fenster in Irrenanstalten. Nach Reiseanschauungen von Dr. Heinrich Hoffmann, in: Allgemeine Zeitschrift für Psychiatrie und psychisch-gerichtliche Medizin, 14 (1857), S. 65-80.

160 Ebenda, S. 66.

161 Thomas Bauer, 'der stede arzt' – Stadt und Gesundheit in Frankfurt am Main vom Mittelalter bis zur Neuzeit, in: Stadtgesundheitsamt (Hrsg.), Vom stede arzt zum Stadtgesundheitsamt. Die Geschichte des öffentlichen Gesundheitswesens in Frankfurt am Main, von Thomas Bauer, Heike Drummer und Leoni Krämer, Frankfurt am Main 1992, S. 11-50, hier S. 37 f.

162 Ernst Oskar Pichler, Das neue Irrenhaus zu Frankfurt am Main, a.a.O., S. 9.

163 Rede des Herrn Dr. Heinrich Hoffmann bei der Schließung des Grundsteins am 20. Oktober 1861, abgedruckt in: Bericht des Pflegamtes der Anstalt für Irre und Epileptische, Nr. 28, Frankfurt am Main 1863/64, = Anlage D, S. 1-30, hier S. 23 f.

164 Heinrich Hoffmann, Lebenserinnerungen, a.a.O., S. 216.

165 Ebenda, S. 215 f.

166 Ebenda, S. 216.

167 Heinrich Hoffmann in seiner Antwort auf die Festrede von Dr. Schoelles aus Anlaß seines 50jährigen Doktorjubiläums am 10. August 1883, zitiert nach: Festschrift Zur Feier des Fünfzigjährigen Doctor-Jubiläums von Geh. San.-Rath Heinrich Hoffmann am 10. August 1883, S. 11.

168 Heinrich Hoffmann, Lebenserinnerungen, a.a.O., S. 218 f.

169 Heinrich Hoffmann am 24. November 1864 an Ludwig Krahmer, zitiert nach: H. Kraske/A. de Bary, Briefe Heinrich Hoffmanns an einen Jugendfreund, a.a.O., S. 78.

170 Ebenda, S. 79.

171 Ebenda, S. 78.

172 Heinrich Hoffmann, Beobachtungen und Erfahrungen über Seelenstörung und Epilepsie in der Irren-Anstalt zu Frankfurt am Main 1851 bis 1858, Frankfurt am Main 1859, zitiert nach: Heinrich Hoffmann, Schriften zur Psychiatrie, a.a.O., S. 140 – 323.

173 Ebenda, S. 142 f.

174 Weichbrodt, in: Theodor Kirchhoff (Hrsg.), Deutsche Irrenärzte. Einzelbilder ihres Lebens und Wirkens, Bd. 1, Berlin 1921, S. 237.

175 Karl Friedrich Flemming, in: Allgemeine Zeitschrift für Psychiatrie und psychisch-gerichtliche Medizin, 16 (1859), S. 789 f.

176 Heinrich Hoffmann, Die Anstalt für Irre und Epileptische in Frankfurt am Main, Frankfurt am Main 1883, zitiert nach: Heinrich Hoffmann, Schriften zur Psychiatrie, a.a.O., S. 348-362, hier S. 359.

177 siehe hierzu Seite 28 f.

178 Heinrich Hoffmann, in: Jahresberichte über die Verwaltung des Medicinalwesens, die Krankenanstalten und die öffentlichen Gesundheitsverhältnisse der freien Stadt Frankfurt, hrsg. vom Ärztlichen Verein, Frankfurt am Main 2(1858), S. 202.

179 Ebenda, S. 198 ff.

180 Ebenda, S. 195 f.

181 Ebenda, S. 196.

182 Ebenda, S. 202.

183 Ebenda, S. 204.

184 Ebenda, S. 205.

185 Heinrich Hoffmann, Jahresberichte über die Verwaltung des Medicinalwesens ..., a.a.O., 4(1860), S. 148.

186 Ebenda, S. 149.

187 Heinrich Hoffmann, Jahresberichte über die Verwaltung des Medicinalwesens ..., a.a.O., 3(1859), S. 265 f.

188 Ebenda, S. 264.

189 Ebenda, S. 268.

190 Heinrich Hoffmann, Jahresberichte über die Verwaltung des Medicinalwesens ..., a.a.O., 4 (1860), S. 138 f.

191 so z. B. Heinrich Hoffmann in: Jahresberichte über die Verwaltung des Medicinalwesens ..., a.a.O., 2(1858), S. 193;

192 Ebenda.

193 Heinrich Hoffmann, Beobachtungen und Erfahrungen, a.a.O., S. 197 f.

194 Ebenda, S. 198.

195 Heinrich Hoffmann, Jahresberichte über die Verwaltung des Medicinalwesens ..., a.a.O., 5 (1861), S. 190.

196 Heinrich Hoffmann, Lebenserinnerungen, a.a.O., S. 119.

197 Ebenda, S. 109.

198 Ebenda, S. 119.

199 Ebenda.

200 Ebenda, S. 119 ff. Siehe auch das Protokoll der ersten Sitzung der Gesellschaft Tutti Frutti, geschrieben von Heinrich Hoffmann, abgedruckt in: Edward Speyer, Wilhelm Speyer der Liederkomponist 1790 – 1878. Sein Leben und Verkehr mit seinen Zeitgenossen,

München 1925, S. 221 ff.

201 Heinrich Hoffmann, Lebenserinnerungen, a.a.O., S. 127.

202 Ebenda, S. 130 und 322 f.

203 Heinrich Hoffmann, Lebenserinnerungen, a.a.O., S. 113.

204 Zur Geschichte der Loge „Zur Einigkeit" siehe Karl Demeter, Die Frankfurter Loge zur Einigkeit 1742-1966. Ein Beitrag zur deutschen Geistes- und Sozialgeschichte, Frankfurt am Main 1966. Zur Geschichte der Freimaurerei in Frankfurt am Main siehe Roland Hoede, Werkstätten der Humanität. 250 Jahre Freimaurer in Frankfurt, Frankfurt am Main 1992.

205 Karl Demeter, Die Frankfurter Loge Zur Einigkeit, a.a.O., S. 169.

206 Ebenda.

207 Nach: Reihenfolge der Meister vom Stuhl der Loge zur Einigleit, in: Benjamin Reges, Geschichte der Loge zur Einigkeit vom Jahre 1805 bis zum 27. Juni 1892 (= Festschrift zum Stiftungsfest der Loge Zur Einigkeit), Frankfurt am Main 1892, hier S. 101.

208 „gedeckt" bedeutet im Sprachgebrauch der Freimaurer, daß die Mitgliedschaft in einer Loge aufgegeben wird.

209 Heinrich Hoffmann, Lebenserinnerungen, a.a.O., S. 113.

210 Ebenda.

211 Ebenda.

212 Ebenda.

213 Benjamin Reges, Geschichte der Loge zur Einigkeit vom Jahre 1805 bis zum 27. Juni 1892, a.a.O., S. 44.

214 Heinrich Hoffmann, Lebenserinnerungen, a.a.O., S. 113.

215 Nach Karl Demeter, Die Frankfurter Loge Zur Einigkeit, a.a.O, S. 103, hat diesen Zusammenhang Georg Burkhard Kloß durch handschriftliche Eintragungen aus dem Jahr 1831 belegt.

216 Zwei Aufklärungsschriften Frankfurter Ärzte, die großes Aufsehen weit über Frankfurt hinaus erregten, seien exemplarisch genannt: vom Arzt am Rochushospital und langjährigen Meister vom Stuhl der Loge zur Einigkeit, Georg Burkhard Kloß „Über die Unstatthaftigkeit des Versuchs ein positives Christentum in die Freimaurerlogen hineinzuziehen", Frankfurt am Main 1844; und vom Arzt und Mitglied der Frankfurter Loge „Sokrates zur Standhaftigkeit", Philipp Jacob Cretzschmar „Religionssysteme und Freimaurerei", Frankfurt am Main 1844.

217 Heinrich Hoffmann, Lebenserinnerungen, a.a.O., S. 113 f.

218 Ebenda, S. 128 f.

219 Zu diesem Konflikt siehe Andreas Hansert, Bürgerkultur und Kulturpolitik in Frankfurt am Main. Eine historisch-soziologische Rekonstruktion (= Studien zur Frankfurter Geschichte, 33), Frankfurt am Main 1992, S. 74 ff.

220 Ebenda, S. 75.

221 Heinrich Hoffmann, Lebenserinnerungen, a.a.O., S. 129.

222 G. H. Herzog/Helmut Siefert (Hrsg.), Heinrich Hoffmann. Gesammelte Gedichte, Zeichnungen und Karikaturen (folgend zitiert Heinrich Hoffmann, Gesammelte Gedichte), Frankfurt am Main 1987, S. 187.

223 Heinrich Hoffmann, Lebenserinnerungen, a.a.O., S. 165.

224 Ebenda, S. 166.

225 Nach: Bürgerverein zu Frankfurt am Main (Hrsg.), Zur Erinnerung an die 50jährige Gedenkfeier des Bürgervereins zu Frankfurt am Main, am 10. Mai 1898.

226 Ebenda.

227 Veit Valentin, Frankfurt am Main und die Revolution von 1848/49, Stuttgart/Berlin 1908, S. 270.

228 Ebenda, S. 274 f.

229 Heinrich Hoffmann, Lebenserinnerungen, a.a.O., S. 165 f.

230 Veit Valentin, Frankfurt am Main und die Revolution von 1848/49, a.a.O., S. 360 ff.

231 Heinrich Hoffmann im Dezember 1849 an Ludwig Krahmer, zitiert nach: H. Kraske/ A. de Bary, Briefe Heinrich Hoffmanns an einen Jugendfreund, a.a.O., S. 74.

232 Heinrich Hoffmann, Lebenserinnerungen, a.a.O., S. 165.

233 Ebenda, S. 164.

234 Ebenda, S. 163

235 Einen Überblick über die Inhalte der Sitzungen des Vorparlaments und die Rolle Heckers siehe bei Rainer Koch (Hrsg.), Die Frankfurter Nationalversammlung 1848/49. Ein Handlexikon der Abgeordneten der deutschen verfassungsgebenden Reichsversammlung, Kelkheim 1989, hier: Einführung von Rainer Koch, Die Frankfurter Nationalversammlung 1848/49, S. 16 f.

236 Heinrich Hoffmann, Lebenserinnerungen, a.a.O., S. 164.

237 Ebenda .

238 Veit Valentin, Frankfurt am Main und die Revolution von 1848/49, a.a.O., S. 284. Über die Rolle Heckers im Vorparlament sowie über die Amnestiedebatte der National-versammlung am 7./8. August 1848 ausführlich Kurt Kersten, Die Deutsche Revolution 1848-1849, Frankfurt am Main 1955, S. 173 ff.

239 Heinrich Hoffmann, Lebenserinnerungen, a.a.O., S. 167.

240 Ebenda, S. 165.

241 Ebenda, S. 167; Kurzbiographie zu Venedey siehe in Rainer Koch (Hrsg.), Die Frank-furter Nationalversammlung 1848/49, a.a.O., hier: Roland Hoede über Jakob Venedey, S. 408 f.

242 Heinrich Hoffmann im November 1858 an Ludwig Krahmer, zitiert nach: H. Kraske/ A. de Bary, Briefe Heinrich Hoffmanns an einen Jugendfreund, a.a.O., S. 76; Kurz-biographie zu Schwetschke siehe in Rainer Koch (Hrsg.), Die Frankfurter National-versammlung 1848/49, a.a.O., hier: Roland Hoede über Karl Gustav Schwetschke, S. 381.

243 Veit Valentin, Geschichte der deutschen Revolution von 1848-1849, Bd. 2, Berlin 1931, (Neudruck Köln/Berlin 1977), S. 133 f.

244 Zitiert nach: Bürgerverein zu Frankfurt am Main (Hrsg.): Zur Erinnerung an die 50jähri-ge Gedenkfeier des Bürgervereins zu Frankfurt am Main, am 10. Mai 1898.

245 Zitiert nach Rainer Koch (Hrsg.), Die Frankfurter Nationalversammlung 1848/49, a.a.O., S. 32.

246 Zitiert nach: Bürgerverein zu Frankfurt am Main (Hrsg.): Zur Erinnerung an die 50jähri-

ge Gedenkfeier des Bürgervereins zu Frankfurt am Main, am 10. Mai 1898.

247 Heinrich Hoffmann, Lebenserinnerungen, a.a.O., S. 174 f.

248 Veit Valentin, Frankfurt am Main und die Revolution von 1848/49, a.a.O., S. 434.

249 Zitiert nach: ebenda.

250 Zitiert nach: ebenda, S. 435.

251 vergleiche Marie-Louise Könneker, Dr. Heinrich Hoffmanns 'Struwwelpeter'. Untersuchungen zur Entstehungs- und Funktionsgeschichte eines bürgerlichen Bilderbuchs, Stuttgart 1977, S. 10 f und S. 227 ff.

252 Heinrich Hoffmann, Lebenserinnerungen, a.a.O., S. 148.

253 Heinrich Hoffmann, Lebenserinnerungen, a.a.O., S. 284.

254 Heinrich Hoffmann, Das Ständchen, in: Heinrich Hoffmann, Gesammelte Gedichte, a.a.O., S. 11.

255 Nach Einleitung von G.H. Herzog und Helmut Siefert in: Heinrich Hoffmann, Gesammelte Gedichte, a.a.O., S. 7.

256 Heinrich Hoffmann, Lebenserinnerungen, a.a.O., S. 131.

257 Heinrich Hoffmann, Lebenserinnerungen, a.a.O., S. 10.

258 Benjamin Reges, Geschichte der Loge zur Einigkeit vom Jahre 1805 bis zum 27. Juni 1892, Frankfurt am Main 1892, S. 44.

259 Heinrich Hoffmann, Allerseelenbüchlein. Eine humoristische Friedhofsanthologie, zitiert nach: Heinrich Hoffmann, Gesammelte Gedichte, a.a.O., S. 52 – 92.

260 Wolfram Ellwanger, Zappelphilipp und der Wilde Jäger. Ein Beitrag zur Psychologie des 'Struwwelpeter', in: Psyche. Zeitschrift für Psychoanalyse und ihre Anwendungen, hrsg. von Alexander Mitscherlich, Nr. 7(1973), S. 636 f.

261 Marie-Louise Könneker, Dr. Heinrich Hoffmanns 'Struwwelpeter', a.a.O., S. 146.

262 Ebenda, S. 150.

263 Nach: Klaus Doderer, Der Struwwelpeter. Der langanhaltende Erfolg und das wandlungsreiche Leben eines deutschen Bilderbuches, in: Derselbe (Hrsg.), Klassische Kinder- und Jugendbücher. Kritische Betrachtungen, Weinheim/Basel 1969, S. 55 – 97.

264 Heinrich Hoffmann, Lebenserinnerungen, a.a.O., S. 140.

265 Ebenda.

266 Ebenda, S. 139.

267 Ebenda.

268 Ebenda, S. 140.

269 Heinrich Hoffmann in einem Brief an Ludwig Krahmer am 24.05.1847, zitiert nach: H. Kraske/A. de Bary, Briefe Heinrich Hoffmanns an einen Jugendfreund, a.a.O., S. 71.

270 Heinrich Hoffmann, Lebenserinnerungen, a.a.O., S.141.

271 Nach: Klaus Doderer, Der Struwwelpeter. Der langanhaltende Erfolg und das wandlungsreiche Leben eines deutschen Bilderbuches, in: Derselbe (Hrsg.), Klassische Kinder- und Jugendbücher. Kritische Betrachtungen, a.a.O., S. 57.

272 Heinrich Hoffmann, Lebenserinnerungen, a.a.O., S. 140 f.

273 Die Auflagenzahlen nach: Klaus Doderer, Der Struwwelpeter. Der langanhaltende Erfolg

und das wandlungsreiche Leben eines deutschen Bilderbuches, in: Derselbe (Hrsg.), Klassische Kinder- und Jugendbücher. Kritische Betrachtungen, a.a.O., S. 58.

274   Heinrich Hoffmann im Dezember 1849 an Ludwig Krahmer, zitiert nach: H. Kraske/ A. de Bary, Briefe Heinrich Hoffmanns an einen Jugendfreund, a.a.O., S. 74.

275   Ebenda.

276   Heinrich Hoffmann in seiner Antwort auf die Festrede von Dr. Schoelles aus Anlaß seines 50jährigen Doktorjubiläums am 10. August 1883, zitiert nach: Festschrift „Zur Feier des Fünfzigjährigen Doctor-Jubiläums von Geh. San.-Rath Heinrich Hoffmann am 10. August 1883, S. 13.

277   Heinrich Hoffmann, Lebenserinnerungen, a.a.O., S. 272.

278   Ebenda, S. 276.

279   Ebenda, S. 285.

280   Zitiert nach: Festschrift „Zur Feier des Fünfzigjährigen Doctor-Jubiläums von Geh. San.-Rath Heinrich Hoffmann am 10. August 1883, a.a.O., S. 13.

281   Heinrich Hoffmann, Lebenserinnerungen, a.a.O., S. 66.

282   Ebenda.

283   Ebenda, S. 30.

284   Mit dem Text: „Hier stand das Geburtshaus von Dr. Heinrich Hoffmann 1809-1894/Struwwelpeter-Autor/Demokrat von 1848/Volkstümlicher Frankfurter Arzt/Reformer der Psychiatrie"

285   Mit dem Text: „... und im III. Stock von 1851 bis 1859 Dr. Med. Heinrich Hoffmann der Dichter des Struwwelpeter. Am 22. März wurde es durch Bomben zerstört und 1949 bis 54 im alten Geist wieder aufgebaut."

286   Struwwelpeter-Museum in der Kunsthalle Schirn am Römerberg.

287   Heinrich-Hoffmann-Museum, Schubertstraße 20.

288   Heinrich-Hoffmann-Museum der frankfurter Werkgemeinschaft e.V., Der Struwwelpeter. Entstehung eines berühmten deutschen Kinderbuchs (= Katalog zur gleichnamigen Ausstellung), Frankfurt am Main 1983.

289   Heinrich-Hoffmann-Museum der frankfurter Werkgemeinschaft e.V., „Herr Hoffmann ist zu gar nichts nütz...". Zum 175. Geburtstag Heinrich Hoffmanns (= Katalog zur gleichnamigen Ausstellung), Frankfurt am Main 1984.

290   Heinrich-Hoffmann-Museum der frankfurter Werkgemeinschaft e.V., Die Kinder des Struwwelpeter. Zum 140. ʻGeburtstagʼ des Struwwelpeter (= Katalog zur gleichnamigen Ausstellung), Frankfurt am Main 1984; Heinrich-Hoffmann-Museum der frankfurter Werkgemeinschaft e.V., Von Struwwelhitler bis Punkerpeter. Struwwelpeter-Parodien vom Ersten Weltkrieg bis heute (= Katalog zur gleichnamigen Ausst.), Frankfurt am Main 1988.

291   Die Geschichte und Gestalt des Struwwelpeterbrunnens im Stadionbad beschreibt Heinz Schomann, Die alten Frankfurter Brunnen, Frankfurt am Main 1981, Nr. 43, S. 222-225.

292   Nach: Wilfried Ehrlich, Frankfurter Brunnen. Schmuck und Kunst für Straßen und Plätze, hrsg. vom Hochbauamt der Stadt Frankfurt am Main, Frankfurt am Main 1985.

293   Heinrich Hoffmann, Gedichte, Zeichnungen, Karikaturen, a.a.O., S. 274 f.

294   Heinrich Hoffmann, Gedichte, Zeichnungen, Karikaturen, a.a.O., S. 91.

Literatur

Werner Constantin von Arnswaldt, Aus der Geschichte der Familie Varrentrapp, Frankfurt am Main 1908.

Thomas Bauer, 'der stede arzt' - Stadt und Gesundheit in Frankfurt am Main vom Mittelalter bis zur Neuzeit, in: Stadtgesundheitsamt (Hrsg.), Vom stede arzt zum Stadtgesundheitsamt. Die Geschichte des öffentlichen Gesundheitswesens in Frankfurt am Main, von Thomas Bauer, Heike Drummer und Leoni Krämer, Frankfurt am Main 1992.

Dirk Blasius, Der verwaltete Wahnsinn. Eine Sozialgeschichte des Irrenhauses, Frankfurt am Main 1980.

Dagmar Braum, Vom Tollhaus zum Kastenhospital. Ein Beitrag zur Geschichte der Psychiatrie in Frankfurt am Main, Hildesheim 1986.

Karl Demeter, Die Frankfurter Loge zur Einigkeit 1742-1966. Ein Beitrag zur deutschen Geistes- und Sozialgeschichte, Frankfurt am Main 1966.

Klaus Doderer (Hrsg.), Klassische Kinder- und Jugendbücher. Kritische Betrachtungen, Weinheim/Basel 1969.

Wilfried Ehrlich, Frankfurter Brunnen. Schmuck und Kunst für Straßen und Plätze, hrsg. vom Hochbauamt der Stadt Frankfurt am Main, Frankfurt am Main 1985.

Wolfram Ellwanger, Zappelphilipp und der Wilde Jäger. Ein Beitrag zur Psychologie des 'Struwwelpeter', in: Psyche. Zeitschrift für Psychoanalyse und ihre Anwendungen, hrsg. von Alexander Mitscherlich, Nr. 7(1973).

Helmut Flehr, Geschichte des Ärztlichen Vereins in Frankfurt am Main und sein standespolitisches Wirken, Inauguraldissertation, Mainz 1982.

Michel Foucault, Wahnsinn und Gesellschaft. Eine Geschichte des Wahns im Zeitalter der Vernunft, Frankfurt am Main 8/1989.

Hans Frick, Zweihundert Jahre Dr. Senckenbergische Anatomie, ein Rückblick und Ausblick, in: Administration der Dr. Senckenbergischen Stiftung (Hrsg.), Festansprachen anläßlich der 200-Jahrfeier der Dr. Senckenbergischen Stiftung am 16.11.1963, Frankfurt am Main 1963.

Heinz F. Friederichs/Georg Itzerott, „Struwwelpeter"-Hoffmanns Ahnen und Sippengefüge in soziologischer und biologischer Schau, Frankfurt am Main 1954 (= Sonderdruck aus: Hessische Familienkunde, Bd. 3).

Andreas Hansert, Bürgerkultur und Kulturpolitik in Frankfurt am Main. Eine historisch-soziologische Rekonstruktion (= Studien zur Frankfurter Geschichte, 33), Frankfurt am Main 1992.

Evelyn Hils, Johann Friedrich Christian Hess. Stadtbaumeister des Klassizismus in Frankfurt am Main von 1816-1845, Frankfurt am Main 1988.

Heinrich-Hoffmann-Museum der frankfurter Werkgemeinschaft e.V., Der Struwwelpeter. Entstehung eines berühmten deutschen Kinderbuchs (= Katalog zur gleichnamigen Ausstellung), Frankfurt am Main 1983.

Heinrich-Hoffmann-Museum der frankfurter Werkgemeinschaft e.V., „Herr Hoffmann ist zu gar nichts nütz...". Zum 175. Geburtstag Heinrich Hoffmanns (= Katalog zur gleichnamigen Ausstellung), Frankfurt am Main 1984.

Heinrich-Hoffmann-Museum der frankfurter Werkgemeinschaft e.V., Die Kinder des Struwwelpeter. Zum 140. 'Geburtstag' des Struwwelpeter (= Katalog zur gleichnamigen Ausstellung), Frankfurt am Main 1984.

Heinrich-Hoffmann-Museum der frankfurter Werkgemeinschaft e.V., Von Struwwelhitler bis Punkerpeter. Struwwelpeter-Parodien vom Ersten Weltkrieg bis heute (= Katalog zur gleichnamigen Ausstellung), Frankfurt am Main 1988.Roland Hoede, Werkstätten der Humanität. 250 Jahre Freimaurer in Frankfurt, Frankfurt am Main 1992.

Dieter Jetter, Grundzüge der Geschichte des Irrenhauses, Darmstadt 1981.

Wilhelm Kallmorgen, 700 Jahre Heilkunde in Frankfurt am Main, Frankfurt am Main 1936.

Kurt Kersten, Die Deutsche Revolution 1848-1849, Frankfurt am Main 1955.

Theodor Kirchhoff (Hrsg.), Deutsche Irrenärzte. Einzelbilder ihres Lebens und Wirkens, Bd. 1, Berlin 1921.

Wolfgang Klötzer, Frankfurt am Main von der Französischen Revolution bis zur preußischen Okkupation 1789-1866, in: Frankfurter Historische Kommission (Hrsg.), Frankfurt am Main. Die Geschichte der Stadt in neun Beiträgen (=Veröffentlichungen der Frankfurter Historischen Kommission XVII), Sigmaringen 2/1994.

Rainer Koch (Hrsg.), Die Frankfurter Nationalversammlung 1848/49. Ein Handlexikon der Abgeordneten der deutschen verfassunggebenden Reichsversammlung, Kelkheim 1989.

Marie-Louise Könneker, Dr. Heinrich Hoffmanns Struwwelpeter. Untersuchungen zur Entstehungs- und Funktionsgeschichte eines bürgerlichen Bilderbuchs, Stuttgart 1977.

Max Kruse, „Sieh einmal, hier steht er" - Heinrich Hoffmann und sein Struwwelpeter, in: Hans Sarkowicz (Hrsg.), Die großen Frankfurter, Frankfurt am Main 1994.

Gunter Mann, Senckenbergs Stiftung und die Frankfurter Republik der Ärzte im 19. Jahrhundert (= Vortrag, gehalten am 15. November 1972, zum 200. Todestag Johann Christian Senckenbergs), in: Medizinhistorisches Journal 7 (1972).

Benjamin Reges, Geschichte der Loge zur Einigkeit vom Jahre 1805 bis zum 27. Juni 1892 (= Festschrift zum 150 Stiftungsfest der Loge Zur Einigkeit), Frankfurt am Main 1892.

Heinz Schomann, Die alten Frankfurter Brunnen, Frankfurt am Main 1981.

Edward Speyer, Wilhelm Speyer der Liederkomponist 1790 - 1878. Sein Leben und Verkehr mit seinen Zeitgenossen, München 1925.

Dore Struckmeier-Schubert, Versorgungshaus und Wiesenhüttenstift. Stiftung des öffentlichen Rechts, hrsg. zum 175jährigen Bestehen der Stiftung, Frankfurt am Main 1992.

Veit Valentin, Frankfurt am Main und die Revolution von 1848/49, Stuttgart/Berlin 1908.

Veit Valentin, Geschichte der deutschen Revolution von 1848-1849, Bd. 2, Berlin 1931, (Neudruck Köln/Berlin 1977).

Quellen

Allgemeine Zeitschrift für Psychiatrie und psychisch-gerichtliche Medizin, 16 (1859).

Ärztlicher Verein (Hrsg.), 50jähriges Jubiläum des Aerztlichen Vereins zu Frankfurt am Main, Frankfurt am Main 1895.

Bericht des Pflegamtes der Anstalt für Irre und Epileptische, Nr. 23, Frankfurt am Main 1859.

Bericht des Pflegamtes der Anstalt für Irre und Epileptische, Nr. 28, Frankfurt am Main 1863/64.

Bürgerverein zu Frankfurt am Main (Hrsg.), Zur Erinnerung an die 50jährige Gedenkfeier des Bürgervereins zu Frankfurt am Main, Frankfurt am Main 1898.

Philipp Jacob Cretzschmar, Religionssysteme und Freimaurerei, Frankfurt am Main 1844.

Johann Heinrich Faber, Topographische, politische und historische Beschreibung der Reichs- Wahl- und Handelsstadt Frankfurt am Mayn, Bd. 1, Frankfurt am Main 1788.

Festschrift „Zur Feier des Fünfzigjährigen Doctor-Jubiläums von Geh. San.-Rath Heinrich Hoffmann am 10. August 1883.

Gesetzes- und Statutensammlung der Freien Stadt Frankfurt, 16. Band, 23. 12 1862 - 3.07.1866, Frankfurt am Main 1866.

G. H. Herzog/Helmut Siefert (Hrsg.), Heinrich Hoffmann. Lebenserinnerungen, Frankfurt am Main 1985.

G. H. Herzog/Helmut Siefert (Hrsg.), Heinrich Hoffmann. Gesammelte Gedichte, Zeichnungen und Karikaturen, Frankfurt am Main 1987.

G. H. Herzog/Helmut Siefert (Hrsg.), Heinrich Hoffmann. Schriften zur Psychiatrie, Frankfurt am Main 1990.

Heinrich Hoffmann, Über Schutz und Verschluss der Fenster in Irrenanstalten. Nach Reiseanschauungen von Dr. Heinrich Hoffmann, in: Allgemeine Zeitschrift für Psychiatrie und psychisch-gerichtliche Medizin, 14 (1857).

Heinrich Hoffmann, Ist die neuerbaute Irren-Anstalt zu groß?, in: Volksfreund für das mittlere Deutschland, Nr. 125 und 126, Frankfurt am Main am 18.10. und 20.10.1861.

Heinrich Hoffmann, Anstalt für Irre und Epileptische, in: Alexander Spiess (Bearb.), Frankfurt am Main in seinen hygienischen Verhaeltnissen und Einrichtungen, Frankfurt am Main 1881.

Philipp Jacob Hoffmann, Die Anlage einer neuen Wasserleitung für die Stadt Frankfurt, Frankfurt am Main 1827.

Instruction des Glöckners zu St. Katharinen, wie auch Hauß- und Pfleg-Vaters der wahnsinnig- und tollen Leuten in dem hiesigen Tollhaus, Frankfurt am Main 1735.

Jahresberichte über die Verwaltung des Medicinalwesens, die Krankenanstalten und die öffentlichen Gesundheitsverhältnisse der freien Stadt Frankfurt, hrsg. vom Ärztlichen Verein, Frankfurt am Main.

Georg Burkhard Kloß, Über die Unstatthaftigkeit des Versuchs ein positives Christentum in die Freimaurerlogen hineinzuziehen, Frankfurt am Main 1844.

H. Kraske / A. de Bary, Briefe Heinrich Hoffmanns an einen Jugendfreund, in: Otto Ruppersberg (Hrsg.), Archiv für Frankfurts Geschichte und Kunst, Vierte Folge, Fünfter Band, Erstes Heft, Frankfurt am Main 1938.

Georg Ludwig Kriegk, Aerzte, Heilanstalten, Geisteskranke im mittelalterlichen Frankfurt a. M., Frankfurt am Main 1863.

Georg Ludwig Kriegk, Die Geisteskranken und ihre Behandlung, in: Ders., Deutsches Bürgerthum im Mittelalter, Kapitel III, Neue Folge, Frankfurt am Main 1871.

Heinrich Meidinger, Frankfurts gemeinnützige Anstalten. Eine historisch-statistische Darstellung der milden Stiftungen, Wittwen und Waisen-, Hülfs- und Sparkassen, Vereine, Schulen etc., Zweiter Teil, Frankfurt am Main 1856.

Christoph Sigismund Müller (Hrsg.), Kaiserlich Reichshofraths-Conclusum, den Almosen-Kasten betreffend, 29. Juli 1735, in: Vollständige Sammlung der Kaiserlichen in Sachen Frankfurt contra Frankfurt ergangenen Resolutionen und anderen dahin einschlagender Stadt-Verwaltungs-Grund-Gesetzen, Zweite Abteilung, Frankfurt am Main 1777.

Ernst Oskar Pichler, Das neue Irrenhaus zu Frankfurt am Main, in: Förstersche Bauzeitung, Wien 1863

Statuten der Armenklinik zu Frankfurt am Main in der Fassung von 1852.

Wilhelm Stricker, Die Geschichte der Heilkunde und der verwandten Wissenschaften in der Stadt Frankfurt am Main, Frankfurt am Main 1847.

Johann Georg Varrentrapp, Bericht über die Gründung und bisherige Gestaltung des Bürgervereins, Frankfurt am Main 1849.

Personenregister:

Abbildungsnachweis

Bildarchiv Preussischer Kulturbesitz, Berlin: 38

Fotosammlung Roland Hoede: 87

Germanisches Nationalmuseum, Nürnberg: 107

Hauptfriedhof, Frankfurt am Main (Frank Plate): 119

Historisches Museum, Frankfurt a.M. (Ursula Seitz–Gray): 24,32,45,53,64,70,71, 85, 89, 94, 97, 98, 116

Heinrich-Hoffmann-Museum, Frankfurt a.M. (Frank Plate): 96

Institut für Stadtgeschichte, Frankfurt a.M. (Christa Holscher): 13, 23, 40, 43, 78, 79, 81, 84, 88, 92, 115

Kurpfälzisches Museum der Stadt Heidelberg: 17

Senckenbergische Bibliothek, Frankfurt a.M. (Ursula Seitz–Gray): 22, 67, 68, 69

Städelsches Kunstinstitut und Städtische Galerie, Frankfurt a.M. (Ursula Seitz–Gray/Ursula Edelmann): 34, 90

Stadionbad, Frankfurt a.M. (Frank Plate): 117

Stadt- und Universitätsbibliothek, Frankfurt a.M. (Ursula Seitz–Gray): 30, 74, 101, 108 – 111

Struwwelpeter-Museum. Sammlung der Originale Dr. Heinrich Hoffmanns, Frankfurt am Main (Marion Herzog–Hoinkis): 19, 28, 49, 51

Versorgungshaus und Wiesenhüttenstift, Frankfurt a.M. (Frank Plate): 61